JN222845

基本がわかる／実践できる

A Practical Guide To Implementation

【図解】品質コンプライアンスのすべて

株式会社 小林経営研究所
小林久貴
Hisataka Kobayashi

日本能率協会マネジメントセンター

はじめに

平成の時代がまもなく終わりを告げようという頃から、製造会社において、無資格者による検査や検査データの改ざんなど、製品品質にかかわる不適切事案が数多く露呈しました。いわゆる、品質コンプライアンス違反と呼ばれる不正です。

品質コンプライアンス違反の多くは、個人が利益を得るといった不正とは異なり、上司のため、部署のため、会社のため、場合によっては自分を犠牲にしてまで、他者の利益のために行っているところが特徴となっています。

それゆえに、通常のコンプライアンスへの対応とは違う角度からのアプローチで品質コンプライアンスに対応することが必要となっているのです。

しかしながら、実際に品質コンプライアンスに対応しようとしても、どこから何を始めてよいのかわからない組織が非常に多いのが実情です。だからといって、全く新しい仕組みを作って運用しようとすると、多くの経営資源が必要となります。多くの組織では、ただでさえ日常業務に追われているなか、今以上のパワーをかけられない状況にあります。このような場合は、現在保有する資源を有効活用することが肝要となります。

その有効活用すべき資源に代わるものが、品質マネジメントシステムです。認証の有無にかかわらず、品質マネジメントシステムが存在しない組織はありません。それというのも、品質マネジメントシステムは、買い手に安心感を与え、お客様（顧客）の満足度を向上させることが目的だからです。

この品質マネジメントシステムをベースとして、さらに品質マネジメントシステムの中核であるプロセスアプローチを活用することにより、最も効果的かつ効率的に品質コンプライアンスへの対応ができるのです。

しかし、品質コンプライアンス違反を犯した企業の多くはISO認証を取得していて、品質マネジメントシステムが運用されていたにもかかわらず、不祥事を招く結果になりました。これは、品質マネジメントシステムどおり実施していない未遵守や品質マネジメントシステム自体が不適切で不備があったり、あるいは品質マネジメントシステムの水面下で不正が行われていたりしたということです。

これらは、品質マネジメントシステムの本来の目的を忘れて、ただ単に認証を取得や維持さえすればよいという、全く間違った考え方で運用した結果であるといえます。したがって、現状の品質マネジメントシステム自体にもメスを入れる必要があり、品質マネジメントシステムの強化は必須事項となるのです。

本書は、品質マネジメントシステム及びプロセスアプローチを有効活用した品質コンプライアンスの進め方をわかりやすく解説したものです。そのため、品質コンプライアンスの対応を意図していますが、品質マネジメントシステムやプロセスアプローチを正しく理解し、機能させるために必要な事項が数多く盛り込まれています。

したがって、品質マネジメントシステムを運用するすべての組織にとって有益な内容となるように意図しました。

本書をじっくり読んでいただくことで、品質コンプライアンスへの対応について、確実に理解が進むものと思います。しかし、短い時間で一通りのことを理解したいとか、まず概要を理解して、じっくり読み進めたいという方には、図表のみを見ることで理解できるように工夫してあります。

本書を通じて、より強固な品質マネジメントシステムへの改善により、品質コンプライアンス違反が起きる心配のない、安心で有効な組織運営を実現していただきたいと願っています。

最後に、本書を発刊するきっかけをつくっていただいた一般社団法人日本能率協会 審査・検証センターの笠嶋信行さん、同じく経営・人材革新センターの藤川博之さん、そして、読みやすさとわかりやすさを追求し、粘り強く校閲、編集していただいた株式会社日本能率協会マネジメントセンター 出版事業部 編集長の根本浩美さんに深く感謝いたします。どうもありがとうございました。

2019年9月吉日

小林 久貴

目次——図解　品質コンプライアンスのすべて

Contents

第2部　品質マネジメントシステムとプロセスアプローチ

第3章　品質マネジメントシステムへの展開

第4章 品質コンプライアンスとISO9001要求事項との関連

第5章 プロセスアプローチの考え方

第6章 品質コンプライアンスリスクアセスメントの実施

第7章 品質コンプライアンスにおけるプロセスアプローチの活用

第8章 プロセスアプローチ監査の有効活用

第 9 章　品質コンプライアンスマネジメントシステムの構築ステップ

品質コンプライアンスの進め方

品質コンプライアンスマネジメントシステムの構築ステップ

Step 1	● 品質コンプライアンス対応の体制を整備する。 ● 4オーバー・3バッドを調査する。 ● 改善すべき4オーバー・3バッドを計画的に除去する。
Step 2	● 形骸化している品質マネジメントシステムを立て直す。 ● ISO認証と品質マネジメントシステムの目的の違いを経営責任者を含め、組織全体で理解する。 ● 組織として、品質マネジメントシステムの目的を再認識する。
Step 3	● 品質マネジメントシステムの各要素において、追加すべきことを検討する。 ● 品質コンプライアンスマネジメントシステム要求事項を参照して、品質マネジメントシステムを再構築する。
Step 4	● プロセスアプローチの考え方を組織全体で理解する。 ● プロセスの目・リスクの目分析を実施する。 ● プロセスの目分析シート、リスクの目分析シートでプロセスアプローチを可視化する。
Step 5	● 品質コンプライアンスリスクアセスメントを実施する。 ● 管理すべきリスク源に基づき、リスクアプローチを実施する。 ● リスクの目分析シートに追加もしくは新規作成をする。
Step 6	● プロセスアプローチを取り決めどおり実施する。 ● 問題が発生した場合や指標を満たさない場合に、その原因を追究する。 ● 品質マネジメントシステムやプロセスに対して、PDCAを回して改善する。 ● PDCAを永遠に繰り返し、継続的改善を実施する。

4つのオーバーへの対応方法

4つのオーバー	対　象	実施事項
オーバースペック	発注者	無理な要求仕様（品質、コスト、納期、管理）を押し付けない。
	供給者	無理な要求仕様（品質、コスト、納期、管理）を見極める。
オーバークオリティ	営業部門 企画部門 設計・開発部門 製造部門 購買部門 品質保証部門 など	設定した製品品質を満たす能力があるかを初期段階のデザインレビューで評価する。
		設定したコストを満たすことができるかどうかを初期段階のデザインレビューで評価する。
		設定した納期を満たすことができるかどうかを初期段階のデザインレビューで評価する。
オーバープレッシャー	経営層	自社の能力を把握し、無理な目標設定をしない。 能力向上のために、経営資源を投入し、時間をかけて育む。
	営業部門	受注前、見積もり時に設計・開発部門、製造部門などと顧客要求を満たすことができるかを検討する。
	設計・開発部門	製造工程能力を把握して、無理のない設計をする。
オーバーローコストオペレーション	現場要員	現場の本音をヒアリングする。 標準作業、標準時間を定め、必要人員を客観的データで把握できるようにする。 作業の機械化、自動化を推進する。
	管理者	管理者の役割を明確にする。 管理者の適正人員を定め、不足を補う。
	設備	人員不足の評価結果により、適切な機械化、自動化を計画し、実行する。

3つのバッドへの対応方法

3つのバッド	対　象	実施事項
バッド アウェアネス	経営責任者 経営層	倫理方針を打ち出す。倫理綱領、倫理規定を制定し、維持・活用する。
	経営層管理者	品質コンプライアンス内部監査、従業員ヒアリング、日常的管理（現場パトロール）を実施する。
	管理部門	監視カメラの設置と監視の仕組みをもつ。 有効な内部通報制度をもつ。 誓約書を提出させる。
バッド ロイヤルティ	経営責任者	倫理方針を打ち出す。倫理綱領、倫理規定を制定し、維持・活用する。 経営責任者自身が強い倫理観をもって、経営にあたる。
	管理部門	品質コンプライアンス違反に対する罰則を定め、周知する。情状酌量をしない。
	従業員	間違った忠誠心をもたないことを自覚するのは当然のこととして、間違った忖度はしないという強い意識をもつ。
バッド エスティメーション	営業部門 設計部門	確実に製造実現性を評価する。 受注後に要求仕様を満たせないことが判明した場合、真摯に誠実に顧客に伝える。
	設計部門 （技術者）	強い倫理観をもつ。傲慢さをもたない。 工学倫理を教育プログラムに取り入れる。
	全部門	コストをかけて済むことであれば、コストをかけて対応する。 適切な受注につなげるよう、仕組みを刷新する。

プロセスアプローチの進め方

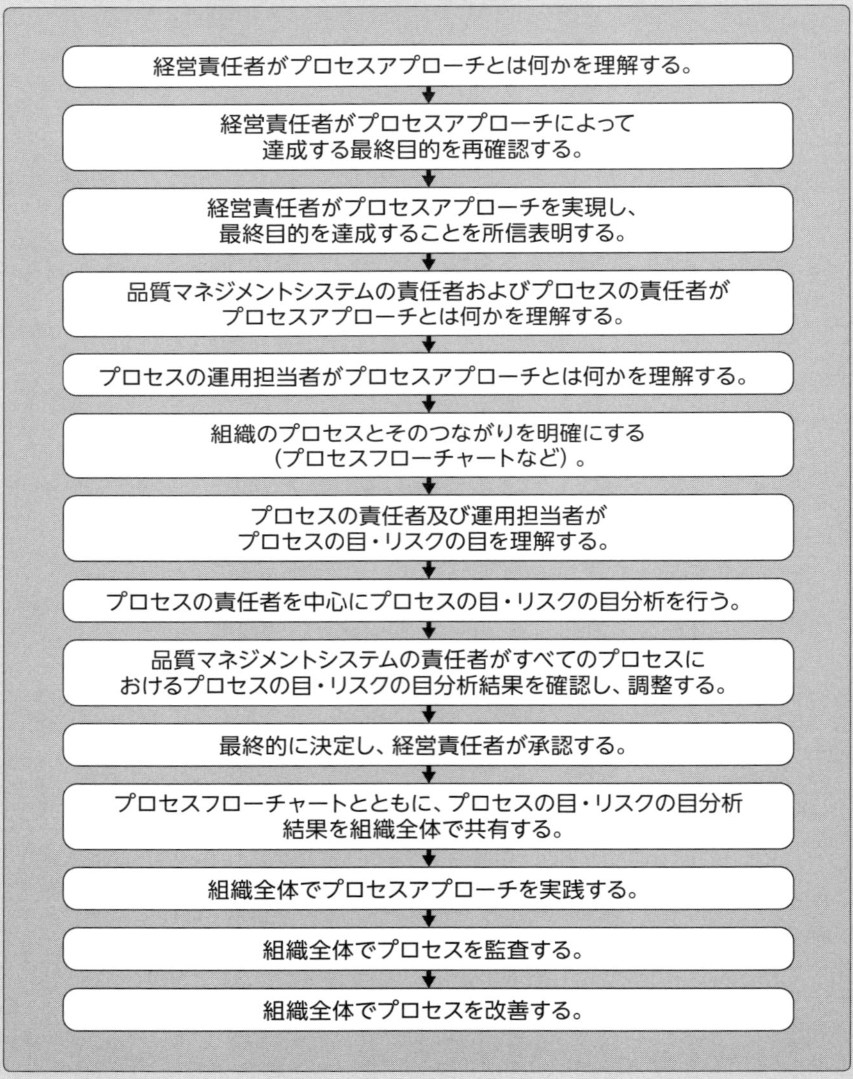

経営責任者がプロセスアプローチとは何かを理解する。

↓

経営責任者がプロセスアプローチによって
達成する最終目的を再確認する。

↓

経営責任者がプロセスアプローチを実現し、
最終目的を達成することを所信表明する。

↓

品質マネジメントシステムの責任者およびプロセスの責任者が
プロセスアプローチとは何かを理解する。

↓

プロセスの運用担当者がプロセスアプローチとは何かを理解する。

↓

組織のプロセスとそのつながりを明確にする
（プロセスフローチャートなど）。

↓

プロセスの責任者及び運用担当者が
プロセスの目・リスクの目を理解する。

↓

プロセスの責任者を中心にプロセスの目・リスクの目分析を行う。

↓

品質マネジメントシステムの責任者がすべてのプロセスに
おけるプロセスの目・リスクの目分析結果を確認し、調整する。

↓

最終的に決定し、経営責任者が承認する。

↓

プロセスフローチャートとともに、プロセスの目・リスクの目分析
結果を組織全体で共有する。

↓

組織全体でプロセスアプローチを実践する。

↓

組織全体でプロセスを監査する。

↓

組織全体でプロセスを改善する。

プロセスの目分析の概要

プロセスの目分析（11 項目）	
①インプット	必要なインプットを明確にする。
②アウトプット	アウトプットは何か、あるべき姿は何かを明確にする。
③付加価値	付加される価値は何かを明確にする。
④指標	プロセスアプローチが適切かどうかの指標を明確にする。
⑤管理項目	正しく間違いのないアウトプットとするために必要な押さえどころ、ポイントを明確にする。
⑥管理基準	管理項目のねらいを設定する。
⑦管理方法	管理基準を満たしているかどうかを判断する方法を明確にする。
⑧管理手順	正しく間違いのないアウトプットとするために必要な手順を明確にする。
⑨管理記録	計画どおり実施したのかどうかを判断するための記録を明確にする。
⑩人（力量、認識）	正しく間違いのないアウトプットとするために必要な力量や認識すべきことを明確にする。
⑪インフラストラクチャ	正しく間違いのないアウトプットとするために必要なインフラストラクチャを明確にし、維持する。

リスクの目分析の概要

リスクの目分析（11 項目）	
①内部への影響	組織内部で発生するリスクを明確にする。
②外部への影響	組織外部で発生するリスクを明確にする。
③リスク源	リスクの要因を明確にする。
④指標	リスクアプローチが適切かどうかの指標を明確にする。
⑤管理項目	リスク源に対する押さえどころ、ポイントを明確にする。
⑥管理基準	管理項目のねらいを設定する。
⑦管理方法	管理基準を満たしているかどうかを判断する方法を明確にする。
⑧管理手順	リスクアプローチを確実に実施するために必要な手順を明確にする。
⑨管理記録	計画どおり実施したのかどうかを判断するための記録を明確にする。
⑩人の弱さ	人にかかわる弱さを明確にする。
⑪インフラストラクチャの弱さ	インフラストラクチャにかかわる弱さを明確にする。

第 1 部

なぜいま
品質コンプライアンス
なのか

第1章
品質コンプライアンスとは

1 »品質コンプライアンスの特徴

コンプライアンスとは、一般的に法令遵守のみならず、社内基準や倫理を含む社会規範などを含めた遵守のことです。

一方、**品質コンプライアンスとは、製品及びサービスにかかわる品質上の規範遵守**のことです。仕様を満たしていないにもかかわらず、仕様を満たしているように検査データを改ざんしてしまう、法令で定められた検査資格がない要員に特定の検査をさせてしまう、食材を偽った食品を販売してしまうなどが品質コンプライアンス違反に該当します。一般的なコンプライアンス違反と異なり、**品質コンプライアンス違反の特異なことは、個人が利益を得るケースがほとんどない**ということです。

品質コンプライアンス違反は、経理上の不正で会社の資金を横領して金銭上の利益を得たり、セクハラやパワハラなどのように、意図的あるいは無意識のうちに個人の優越感などを得たりするコンプライアンス違反とは異なります。品質コンプライアンス違反においては、意図せず結果的に不正となってしまった場合は、悪意がなかったということから事態の重大性が認識されなかったり、不正という認識があったとしても会社の利益のためにやったということから正当化されてしまったりするため、品質コンプライアンス違反の対応には難しさがあるのです。

2 »品質コンプライアンス違反の分類

品質コンプライアンス違反は、大きく次の３つに分けることができます。

①社内の基準やルールに従わなかった結果、法令違反を起こしてしまう場合

社内ルールで、製品ラベルの表示内容を所定の手続きでチェックすることになっていたにもかかわらず実施せず、誤った表示をしてしまうようなケースです。

②社内の基準やルールに従っていたにもかかわらず、基準やルールに不備があったため、意図せず法令違反となってしまう場合

輸出相手国の法令を調査する仕組みに不備があり、その結果、輸出した製品が相手国において法令違反となるといったケースです。正しく間違いのない製品製造やサービス提供するための社内の基準やルールとは、品質マネジメントシステムに他なりません。

③現状の品質マネジメントシステムの水面下で不正が行われた場合

これは、不正を働いている関係者が不正と認識しつつも、途中で止めることができず、継続して行われているケースです。

これらのことから品質コンプライアンス違反は次の３つのケースに分類できます。

ケース１：品質マネジメントシステムの未遵守

品質マネジメントシステムどおりに実施していなかったケースです。

ケース２：品質マネジメントシステムの不備

品質マネジメントシステムに不備があり、品質マネジメントシステムどおりに実施していたにもかかわらず不正に至るケースです。

ケース３：品質マネジメントシステム水面下での不正

品質マネジメントシステムが存在しながら、その水面下で不正が行わるケースです。

品質コンプライアンス違反の分類を整理すると以下となります。

図表 1-1　品質コンプライアンス違反の分類

品質コンプライアンス違反
- ケース1 ： 品質マネジメントシステムの未遵守
- ケース2 ： 品質マネジメントシステムの不備
- ケース3 ： 品質マネジメントシステム水面下での不正

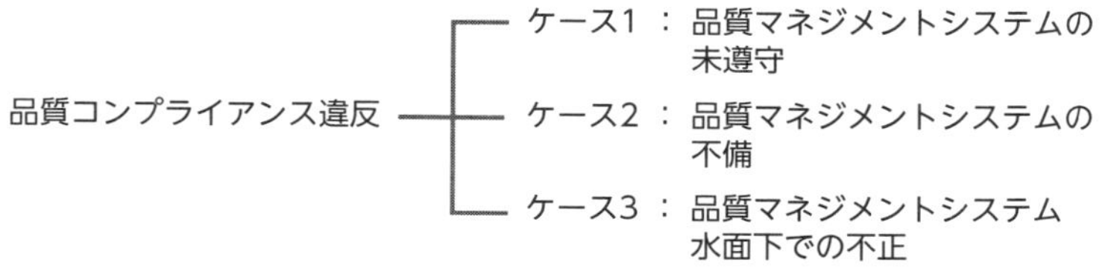

3 ›› 品質コンプライアンス違反のケースごとの対応方法

ケース１の品質マネジメントシステムの未遵守、ケース２の品質マネジメントシステムの不備については、**是正処置（再発防止）により、品質マネジメントシステムを改善し、強化していくことで対応**ができます。

顕在化した問題について、原因を徹底的に追究して、その原因を取り除かなければなりません。そして、品質マネジメントシステムに潜んでいた悪さ、弱さを取り除き、品質マネジメントシステムを変更することで、改善ができます。

ケース１及びケース２については、自社の品質マネジメントシステムに対する取り組みが不十分な場合に起こり得ます。特に認証を取得している場合に認証取得や認証維持が目的となってしまい、より良い製品やサービスを提供するための仕組みという品質マネジメントシステムの本来の目的が忘れられてしまっているのです。

このような場合は原点にかえって本来の目的を関係者全員が認識し、抜本的に品質マネジメントシステムを見直さなければなりません。そうすることで、ケース１及びケース２における品質コンプライアンス違反を防ぐことができるのです。

問題は、ケース３の現状の品質マネジメントシステムの水面下で行われた不正です。品質マネジメントシステムが存在していたにもかかわらず、その水面下で不正が行われていたとすれば、そのような不正が入り込む隙間があったということになります。

このとき、リスクアセスメントという手法が潜在している隙間を探し出すのに役立ちます。リスクとは、「不確かさの影響」と定義されていますが、簡単に言うと、「起こるかも知れないし、起こらないかも知れないが、起こったら非常に問題となること」です。「起こり得る失敗」と表現してもよいでしょう。この**「起こり得る失敗」を起こる前に多くの知恵を集めて、特定し、分析し、重要度を評価することがリスクアセ**

スメントであり、**重要なリスクから対応し、リスク全体を管理していくことをリスクマネジメント**といいます。

つまり、ケース3の**品質マネジメントシステムの水面下での不正に関しては、品質マネジメントシステムの強化に加えて、品質コンプライアンスに関するリスクマネジメントを行うことが有効**となるのです。

実は、リスクには好ましい方向と好ましくない方向があり、好ましい方向のリスクを“機会”、好ましくない方向のリスクを“脅威”といいます。本書では、リスクを“脅威”と位置付けます。

図表1-2　品質コンプライアンス違反の対応方法

	違反の内容	対応方法
ケース 1	品質マネジメントシステムの未遵守	品質マネジメントシステムの強化
ケース 2	品質マネジメントシステムの不備	品質マネジメントシステムの強化
ケース 3	品質マネジメントシステム水面下での不正	品質マネジメントシステムの強化 品質コンプライアンスに関するリスクマネジメント

ケース1の**品質マネジメントシステムの未遵守については、SDCAサイクルを確実に回し、品質マネジメントシステムの強化**を図ります。SDCAとは、Standardize（標準化）→Do（実施）→Check（確認）→Act（処置）のことです。つまり、決められたことを決められたとおりに確実にできるように管理することです。

ケース2の**品質マネジメントシステムの不備については、PDCAサイクルを確実に回し、品質マネジメントシステムの強化**を図ります。PDCAとは、Plan（計画）→Do（実施）→Check（確認）→Act（処置）のことです。ルールややり方を決めて、そのとおりに実施し、ルールややり方が適切かどうかを確認し、問題があれば、検討・処置し、ルールややり方を見直し、変えていくのです。PDCAを何度も繰り返すことで、品質マネジメントシステム自体をより良いものに変えて、継続的に改善していく習慣が生まれます。PDCAを繰り返すというのは、P_1→D→C→A→P_2→D→C→A→P_3→D→C→A→……ということで、計画であるPをP_1→P_2→P_3→とバージョンアップさせていくのです。こうすることで品質マネジメントシステムが強化されます。

ケース3の**品質マネジメントシステムの水面下での不正については、SDCA、PDCAサイクルを回す品質マネジメントシステムの強化に加えて、品質コンプライアンスに関するリスクマネジメントを実施**します。リスクの要因である、リスク源を抽出し、その影響であるリスクを評価し、優先順位を決めてリスク対応を実施します。

図表1-3　品質コンプライアンス違反の対応方法のイメージ

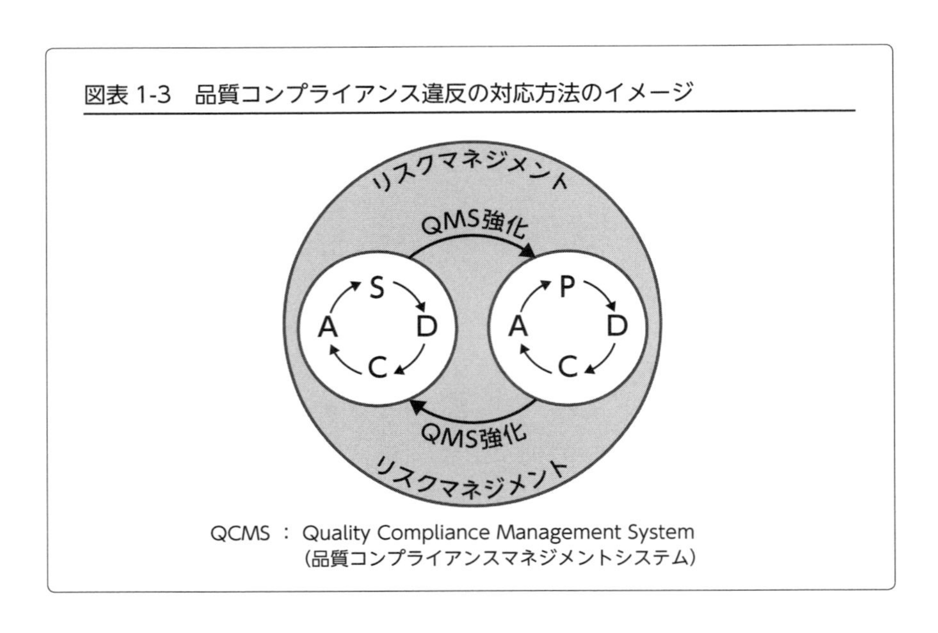

QCMS ： Quality Compliance Management System
（品質コンプライアンスマネジメントシステム）

品質マネジメントシステムは、プロセスとそのつながりで構成されています。プロセスとは活動のことで、会社においては仕事そのものです。**良い結果を出すためにプロセスに焦点を当てて運営管理していくことを「プロセスアプローチ」といいますが、リスクへの対応においても「プロセスアプローチ」が有効**です。

次章からは、品質コンプライアンス違反の発生メカニズムの理解、品質マネジメントシステムへの具体的な対応、プロセスアプローチの正しい理解、品質コンプライアンスのリスクマネジメントについて解説します。

第 2 章

品質コンプライアンス違反の発生メカニズム

1 ›› 品質コンプライアンス違反を引き起こす要因と止められない理由

品質コンプライアンス違反が起こるには、そのきっかけや引き金となる要因が存在し、さらにその違反が途中で止められなくなる理由というものがあります。ここでは、**品質コンプライアンス違反を引き起こす４つのオーバーと品質コンプライアンス違反を止められない３つのバッド**について、なぜそのようなことになってしまうのか、その発生メカニズムについて解説します。

図表 2-1　４つのオーバー・３つのバッドとは

品質コンプライアンス違反を引き起こす	
４つのオーバー	1over：オーバースペック
	2over：オーバークオリティ
	3over：オーバープレッシャー
	4over：オーバーローコストオペレーション

品質コンプライアンス違反を止められない	
３つのバッド	1bad：バッドアウェアネス
	2bad：バッドロイヤルティ
	3bad：バッドエスティメーション

2 ›› 品質コンプライアンス違反を引き起こす4つのオーバー

何事もそうですが、ある事象が起こるのには、必ずきっかけや引き金となる要因があります。品質コンプライアンス違反も同様で、４つの要因が考えられます。その４つの要因は、あることの過剰さによるものと考えられます。これらを過剰の意味として「オーバー」を使い、以下が４つのオーバーとなります。

①オーバースペック（Over Specification）
②オーバークオリティ（Over Quality）
③オーバープレッシャー（Over Pressure）
④オーバーローコストオペレーション（Over Low cost operation）

図表 2-2　品質コンプライアンス違反を引き起こす４つのオーバー

４つのオーバー	オーバースペック	過剰仕様
	オーバークオリティ	過剰品質
	オーバープレッシャー	過剰圧力
	オーバーローコストオペレーション	過剰低コスト運営

◆ オーバースペックとは

オーバースペックとは、**発注者からの現実離れした厳しい仕様のこと**です。これには、顧客から自社へのオーバースペック、自社から供給者へのオーバースペックがあります。

オーバースペックは、発注者が自社製品の品質や生産性を確保するために、安全サイドに必要以上に厳しく仕様を設定することで起こり得ます。製品品質の仕様だけでなく、コストや納期についても厳しい要求がされることが多々あります。供給者は、仕様に基づき適切に実現性を評価し、実現可能な仕様に変更してもらうか、思い切って断ることをしなければなりません。しかし、これはなかなか難しいことです。顧客から現実離れした厳しいスペックを要求されても、すでにプロジェクトが進んだ状態であり、断れる状況にないことが多いからです。

したがって、発注者側が必要以上の過剰な仕様とならないように管理すべきであるし、供給者の能力を見極めて適切な仕様設定となるよう努力しなければなりません。**供給者への過度な要求は、供給者の品質コンプライアンス違反の引き金となりかねません。**

製造業でしばしば行われている特別採用については、特に注意が必要です。特別採用とは、トクサイとも呼ばれ、契約で取り決められた部品や材料などの仕様（規格）を満たさない場合に、発注者である顧客に申請して特別に採用してもらうことです。

本来は仕様を満たさない購入品は受け取らないのが原則ですが、発注側としても自社の生産計画があり、それを遅延させるわけにはいきません。

したがって、仕様は満たしていないものの、製造に使用する分には問題ないと判断した場合に、特別に採用し引き受けることになります。供給者側としても、製造した製品（部品や材料）を廃棄することなく、さらに再度生産することがないため、非常に助かるわけです。

しかし、これが二度三度と続くと、さすがに顧客は特別採用を拒絶し、仕様を満たした製品の納入と抜本的な改善を要求することになります。

そこで、供給者としては、何度も特別採用を申請することは憚れることになり、過去に特別採用をしてもらった経緯から、多少の仕様外れは問題ないとの認識をもつことになり、仕様外れの検査結果について仕様を満たしたように記録して提出すれば問題ないだろうと判断することになるのです。

発注者が受け入れ時に実際に試験などして受入れ検査を実施する場合は、そのようなことが起こる可能性は低いのですが、多くの場合、供給者が実施した検査の記録である検査成績書などを確認することで受入れ検査としているので、供給者がごまかしてしまう可能性が高いのです。実際にこのような事例は数多く発生しています。

過剰な要求は、製品品質にかかわる仕様だけではありません。過剰な短納期要求・コスト要求・管理面の要求なども挙げられます。

図表 2-3　オーバースペックの例

1オーバー	意　味	説　明
オーバースペック	過剰仕様	過剰な製品品質要求 過剰なコスト要求 過剰な短納期要求 過剰な管理要求

過剰な短納期要求は、生産で手一杯になり、本来すべき検査をせず、過去の検査データを流用して検査をしたことにするなどの不正を引き起こすことになるのです。過剰なコスト要求も仕様と異なる材料を使用するとか、取り決められた測定を実施したことにするなどの不正を引き起こします。

そして、意外に多いのが管理面における過剰要求です。実際にあった例ですが、あるプラスチック部品を購買するにあたり、発注者が供給者に対して測定の過剰要求をしました。当該プラスチック部品は、金型で射出成形によって製造され、生産性アップ、コストダウンのため金型は一度で 32 個成形できるようにしていました。プラスチックなどの射出成形では、よく行われており、「多数個取り」と呼ばれています。

これに対して、発注者は 1 ロットあたりに 1 成形分（1 ショット分）32 個について、それぞれすべての寸法測定を要求したのです。測定箇所は、1 個当たり 5 ヵ所となっており、合計で 160 ヵ所となります。さらに、金型に彫られている 32 ヵ所のうち、どこのものなのかを識別することまで要求したのです。測定だけでもかなりのコストを要することになるのですが、測定コストは購買価格には含まれていません。

こうなると、まともに測定しているとコストが合わないため、測定をしたことにしようとなるわけです。仕様を満たしていないわけではないので、発覚することはありませんが、新たな不正を引き起こすきっかけとなり得ます。

さらに、実現不可能な工程能力を要求することがあります。工程能力とは仕様を満たす能力であり、指標として工程能力指数（Cp、Cpk）があります。工程能力指数1.33以上を要求することが一般的に行われていますが、不足している工程能力を改善するには、現場の努力だけでは難しく、新たな設備や技術の導入など、さらなるコスト増となります。しかし、価格はすでに決定しており、設備導入しては採算が合わなくなるので、測定データを少し変えてしまおうとなるのです。

このように要求が行き過ぎるとやってもいないのにやったことにするあるいはごまかすということが起こります。

こうしたことを防ぐために、**供給者に対してオーバースペックになっていないかどうかを考慮することが重要で、供給者の意見に耳を傾け、十分なコミュニケーションをとることが大切**です。

♦ オーバークオリティとは

オーバークオリティとは、**自社で設定した製品仕様が実現不可能なほどに過剰になっていること**です。実現不可能の範囲は、品質的な側面だけでなく、コストなどの経済的側面、納期などの生産能力的側面を含みます。

オーバークオリティが起きる要因として、顧客や市場の要求を見誤り、要求以上の過剰なまでの高いレベルに仕様を設定してしまうことや、設計開発者が製造や購買など後工程の状況を把握していない、あるいは考慮していないことなどが挙げられます。

図表 2-4　オーバークオリティの例

2オーバー	意　味	説　明
オーバークオリティ	過剰品質	過剰な製品品質設定 過剰なコスト設定 過剰な短納期設定 過剰な管理設定

例えば、製品の寸法公差を組立や製品使用時に問題がないレベルで設定すればよいのに、必要以上に厳格にしてしまう場合があります。そうなると、現場では組立や製品使用時には問題ないことがわかっている場合は、生産数量を確保するために測定結果をごまかしてしまう可能性があります。ごまかし方にはいろいろありますが、本来は個々の測定値の結果で判定すべきところを測定値の平均で判定するなどがあります。100±0.1mm という寸法規格で、5個サンプリングして判定する規定があったとします。測定結果が、「100.0　100.3　99.7　100.2　99.8」だとすれば、不合格となるはずですが、これを平均値で判定すれば合格となります。製品使用時に問題がなければ、顧客に迷惑がかかるわけではないので顕在化しませんが、寸法精度を顧客と約束している場合は、顧客に嘘をついたことになります。

また、カタログなどに表示はするものの、顧客にわかりづらい製品特性のごまかしは顧客が気づきにくいものです。これには、製品の耐久性や寿命などが該当します。量産段階で、コストダウンや生産性向上の目的で使用材料の変更や工程変更をすることがありますが、変更時の検証段階では、耐久性をクリアしていたものの、実際、材料変更して量産すると耐久性がクリアできないといった事象が起こります。到底、後戻りできる状況ではないので、そのまま量産し続けることになります。

そもそも過剰な耐久性を設定している場合は、顧客が不満を感じることはありませんが、これも表示や契約などで顧客と約束している場合は、顧客に嘘をついたことになります。

過剰な納期対応も気をつけなればなりません。短納期対応は他社との競争においても重要ですが、能力以上の短納期は、やるべきことをやらない、あるいはやったことにするごまかしを誘発します。時間がないので、必要な検査を省いたり、やったことにしたりする例です。検査をせずに検査記録だけねつ造するなどのように、やるべきことをやらずに、やったことにした場合は、当事者以外は気づかないので非常に厄介です。

過剰な要求は、管理面でもあり得ます。製品寸法で1ヵ所だけ測定すれば、全体の寸法の良し悪しがわかるのに、心配になってすべての寸法を測定するルールを設定してしまうことがあります。ルールを設定する人は、自分では測定しないので、その大変さがわからず、コストに影響しても責任を感じることがないのです。このようなことは技術的、経験的に1ヵ所だけ寸法測定すればよいとわかっている場合に起こり得ます。これも実施したことにしてしまうことを誘発します。顧客と約束している場合は、これも嘘をついたことになります。

このように品質レベルなどの設定が行き過ぎるとオーバースペック同様に、やってもいないのにやったことにするということが起こります。自社で設定する製品品質、コスト、納期は実現可能なレベルにしなければなりません。

そのためには、**品質、コスト、納期を設定する人々が後工程の能力を十分把握しておくことが大切**です。特に企画、製品設計、工程設計といった上流工程において実現可能性を適切に評価することが求められるのです。

◆ オーバープレッシャーとは

オーバープレッシャーとは、**目標達成が能力的に難しい状況にもかかわらず、必要以上の圧力をかけて、無理やり目標達成を迫ること**です。

例えば、技術力がないのに他社に対抗するために高い技術を求めたり、技術力や生産能力がないのに、売上確保のために無理な受注をし、技術部門や製造部門に圧力をかけてしまったりするほか、設計品質の悪さを製造でカバーしようと技術部門が製造部門に圧力をかけるなどがあります。

図表 2-5　オーバープレッシャーの例

3オーバー	意　味	説　明
オーバープレッシャー	過剰圧力	無理な目標による過剰な圧力 無理な受注による過剰な圧力 無理な設計による過剰な圧力

オーバープレッシャーは、品質コンプライアンス違反のみならず、通常のコンプライアンス違反も引き起こす要因となります。過剰な売上達成目標を設定されたために、架空売上を計上するといった不正が過去にも多く発生しました。

会社は利益を追求することが求められており、利益を確保するためには、競合他社に対して同等以上の競争力が必要となります。製品性能も競合他社以上であれば、利益を確保した価格で勝負ができるし、逆に製品性能が他社より劣っているのであれば、価格で勝負するしかありません。

過去に自動車産業において、自動車の燃料消費率の不正がありましたが、これも会社として売上、利益を追求するあまり、能力以上の目標を設定し、技術部門に過剰な圧力をかけた結果です。燃料消費率の計算は複雑な条件のもとに行われるので、条件や方法の違いが燃料消費率に影響します。その条件や方法を操作することで目標が達成できるため、ただ単に燃料消費率の結果を改ざんするのに比べ、発覚しにくく罪悪感も少ないということだったのでしょう。

一般消費者は、購買した製品の性能が確保されているかどうかを検証しにくいことが多いものです。外観や使い心地といった特性は、一般消費者でも感じることができますが、例えば、家電の電力消費や寿命などは正確にはわからないものです。企業でも同様で、製品に組み込む部品や材料においても受入れ検査などで製品性能が検証できればよいのですが、特殊な測定機器や検査機器が必要となる場合は、ほぼ供給者任せになっていたりします。

技術力や生産能力を超えた無理な受注により、不正に至るケースも多く発生しています。

営業部門が技術部門と協力して、受注活動を行っていればよいのですが、技術的、生産能力的観点で製造実現性の評価を十分行わずに営業部門が先走って受注した場合、途中で後戻りできない状況となり、技術部門、生産部門は能力を超えた対応を迫られるため、苦しい状況となってしまいます。これでも目標達成ができればよいのですが、目標達成できない場合は不正誘引の要因になりかねません。

技術力を超えた無理な受注は技術部門で製品性能を偽るという不正の要因となり、生産能力を超えた無理な受注は生産部門で本来実施すべきことを飛ばす、実施したことにする、手を抜くという不正の要因となります。

さらに、技術力と生産能力が複合した無理な受注も存在します。例えば、製品寸法において、寸法精度を出せないことはないものの、ばらつきがあり、求められる工程能力（仕様を満たす能力）が達成できないということはしばしば見かけます。これも工程能力を見極めたうえで、受注の可否を決定するか、顧客と仕様の再検討を促すことが求められます。

より厄介なのは、営業部門と技術部門・生産部門が管理的にも採算的にも独立している場合で、営業部門が売上だけで評価されていると、技術部門や生産部門のこと、会社全体のことを考えずに無理な要求であっても飛びついてしまうことです。売上だけで評価されるので、売上さえ確保できればよいと考えがちになってしまうのです。こうしたことが起こらないように、**全体最適を考える営業活動が可能な組織体制**が求められます。

技術部門が設計品質の悪さを製造でカバーしようと生産部門に圧力をかけるケースも多くあります。製造しにくい設計になっていたり、手間がかかるような仕様になっていたりする場合があります。設計・開発の早い段階で、技術部門と製造部門とで意見交換し検討する場を設ける必要がありますが、仕組みが機能していない、あるいは仕組みがあっても形骸化していることが多く、製造部門の意見が反映されずに量産に至るケースは、しばしば見かけます。こうなると、**製造部門に過度な負担がかかり、やるべきことを実施しない、実施したことにするなどの不正を引き起こす**ことになるのです。

このように営業部門が先走って、技術力や生産能力を超えた無理な受注がまかり通ってしまうと、後工程である技術部門や製造部門での不正を引き起こす要因となります。さらに技術部門で後工程である製造部門のことを考えて設計・開発を進めていかないと後工程である製造部門での不正を引き起こす要因となります。

つまり、**上流工程において、後工程や会社全体の最適化を考慮して活動することがオーバープレッシャーによる不正を防ぐことになる**ということです。

◆ オーバーローコストオペレーションとは

オーバーローコストオペレーションとは、**利益確保のために過剰なローコストオペレーションを志向するあまり、必要な経営資源を投入せずにその結果として不正に至ること**です。

企業は利益を追求することが求められるため、ローコストオペレーションは重要です。しかし、合理的な施策によりローコストオペレーションが可能となっているのであれば問題ないのですが、**本来必要な人員を投入しなかったり、必要な設備投資を怠ったりして、ローコストオペレーションとなっている場合は非常に危険**です。

現場の作業員や操作員などの人員不足も問題となりますが、管理コスト削減のために必要な管理者を確保していないと現場の管理が行き届かなくなり、行うべきことを必ず行わせることや、行えない場合に行いやすいように改善することができなくなります。

図表 2-6　オーバーローコストオペレーションの例

4オーバー	意　味	説　明
オーバーローコストオペレーション	過剰低コスト運営	過剰な省人化 過剰な管理コスト削減 過剰な設備投資削減

必要人員を確保していなければ、現状人員に過度な負担が生じます。ここで不満が蓄積されるのですが、ここでも自己防衛のために、やるべ

きことをやらない、やったことにして負担を減らす行為に出てしまいます。こうなると「自分たちは悪くない。悪いのは会社だ」という身勝手な理屈で自らを正当化することがあります。ひどい場合は、その不満が悪ふざけや悪質ないたずらに発展し、インターネットで拡散したりするとマスコミに叩かれたりしてしまうこともあります。

本来、正社員がすべきことを派遣社員、契約社員、アルバイトに転嫁している場合も注意が必要です。必要以上の責任を負わせる、管理業務まで行わせるというのは、賃金に見合っていない場合、不満の温床となります。

設計部門において人員不足が慢性化している場合、起こり得るのは時間がかかるような試験などによる妥当性確認が不十分となることなどが挙げられます。本来は、やらなければならない試験をやらずに次の段階へ進んだり、有効なサンプル数で検証しなかったり、製品試験の不正を誘発してしまうことになります。ひどい場合は、試験結果の改ざんやねつ造となります。

製造部門において人員不足が慢性化している場合、点検すべきことを行わない、あるいは行ったことにするなどの不正を誘発します。実施したくても現実的にできないのです。スポット溶接した金属部品に対して、溶接の妥当性を再確認するため、定められた間隔で破壊試験を行うことになっていたにもかかわらず、破壊試験は手間と時間がかかるため、実施したことにしていた例を何度か目の当たりにしたことがあります。これらは作業者の人員不足に加えて、管理者の人員不足も要因となっていました。

さらに検査部門において人員不足が慢性化している場合、検査をしたことにして検査データをねつ造したり、改ざんしたりする不正を誘発することになるのです。

ローコストオペレーションと称しながら、人員不足を放置し、現場に過度な負担を強いる事例は数多く見受けられます。本来確保すべき人員がいない状態で操業すれば、当然、人件費が低く抑えられるため、目先の利益は上がります。

　また、新しい設備を導入すれば、現状人員の負担を減らせるのに必要な設備投資をしない事例も多く見受けられます。財務状況を無視した設備投資はいけませんが、将来を見据えた有効な設備投資は積極的に行わなければなりません。

　しかし、組織運営を利益のみで評価し管理している場合は、たとえオーバーローコストオペレーションであっても、目先の利益が増えるため、責任者は良い評価をされることになります。そうなると責任者は、さらに過剰さが増すことになり、事態はますます悪化していきます。

図表 2-7　4つのオーバーのまとめ

4つのオーバー	意　味	説　明
オーバースペック	過剰仕様	過剰な製品品質要求 過剰なコスト要求 過剰な短納期要求 過剰な管理要求
オーバークオリティ	過剰品質	過剰な製品品質設定 過剰なコスト設定 過剰な短納期設定 過剰な管理設定
オーバープレッシャー	過剰圧力	無理な目標による過剰な圧力 無理な受注による過剰な圧力 無理な設計による過剰な圧力
オーバーローコスト オペレーション	過剰低コスト運営	過剰な省人化 過剰な管理コスト削減 過剰な設備投資削減

3 ›› 品質コンプライアンス違反を止められない3つのバッド

品質コンプライアンス違反が発生しても、その異常に気づき、途中で止めることもできます。しかし、違反と知りながらも止められずに長期にわたって継続してしまうケースが大変多いのも事実です。

これには、3つの理由が考えられます。この3つの理由を悪さ加減の意味として「バッド」という言葉で表しました。

①バッドアウェアネス（Bad Awareness）

②バッドロイヤルティ（Bad Loyalty）

③バッドエスティメーション（Bad Estimation）

図表 2-8　品質コンプライアンス違反を止められない３つのバッド

３つのバッド	バッドアウェアネス	間違った悪い認識
	バッドロイヤルティ	間違った悪い忠誠心
	バッドエスティメーション	間違った悪い憶測

◆ バッドアウェアネスとは

バッドアウェアネスとは、**間違った悪い認識のこと**です。**見つからなければよいという考え方が根付いてしまうことで、違反を止めることができなくなる**のです。

これは日常生活でもよく見かけます。例えば、警察官が見ていないから赤信号を無視して横断するとか、駐車禁止の区域にちょっとだけならよいだろうと駐車することなどです。これらは、見つからなければ違反をしてもよいという間違った認識から生じることです。

やってはいけないことはやらないという、いわゆる**倫理観の欠如により生じることであるため、真摯さ・誠実さ・正直さといった倫理に則った認識をもつことで防止に努めます。**農家が多い地区には野菜の無人販売所があります。野菜を買ったら、料金箱にお金を入れるというものですが、これは大多数の人が倫理観をもっていなければ成り立たない仕組みです。

一方、見つからなければよいと考えている人はそもそも倫理観が欠けているので、違反を犯しますし、止めることはできません。

見つからなければよいだろうとか、少しぐらいはよいだろうとか、自分自身が間違った認識をもっている場合だけでなく、**上司や同僚などが違反を犯していて気づいているにもかかわらず、見て見ぬふりをしている場合も、バッドアウェアネスに相当**します。自分には関係ない、他の部署のことだから知らないというのは間違った認識をもっているということになります。

さらに、**倫理観の欠如、組織の腐敗が進むと、違反をして何が悪いと開き直る場合があります。こうなると違反が内部告発などで世間に知れわたったり、事故につながり顕在化したりするまでは違反を止めることができなくなってしまいます。**

このようにバッドアウェアネスは、見つからなければよいと思う、見て見ぬふりをする、開き直ることを誘発するのです。

図表 2-9　バッドアウェアネスの例

1バッド	意　味	説　明
バッドアウェアネス	間違った悪い認識	見つからなければよいと思う 見て見ぬふりをする 開き直る

バッドアウェアネスにより、品質コンプライアンス違反を止めることができなくなるのであれば、**バッドアウェアネスを取り除けば、違反を止めることができる**ということになります。

そこで、組織内でバッドアウェアネス、つまり間違った悪い認識がはびこってはいないかどうかあらためて確認する必要があります。

◆ バッドロイヤルティとは

バッドロイヤルティとは、**間違った悪い忠誠心やそこから発生する歪んだ忖度(そんたく)のこと**をいいます。会社のため、部署のため、上司のためだから仕方がないという考え方をもつことにより、違反を止めることができなくなります。けっして自分のため、自分の利益のためということではなく、会社、部署、上司や同僚のために自分が汚れ役となる問題です。

これは、品質コンプライアンス違反に特有な事象であり、他の不正では見かけません。私的に経理の不正操作を行ったり、架空発注をしたりなどとは異なり、自分にとっては利益享受がない点が特徴であり、そのため不正防止に難しさがあります。

このように間違った忠誠心や忖度が引き起こす違反は、会社からの指示ではなく、自らの判断によるものなので、より根が深いといえます。

バッドロイヤルティがあるかぎり、不正を止めることはできません。ではバッドロイヤルティはどのようにして発生するのでしょうか。

それは、**会社（組織）が売上優先、利益優先を強く推進することが主因となる**ことが多いようです。多少の不正を犯しても会社の売上に貢献できればよい、利益確保に貢献できればよいと考えてしまうのです。売上増や利益貢献したいとの考え自体は間違っていませんが、「多少の不正を犯してもよい」というところが根本的に間違っています。

会社から指示や命令をしていないにもかかわらず、**忖度してつい不正に手を染めてしまうというのは、本人が悪いわけではなく、そのような組織環境、職場環境に至ってしまった経営責任者や経営層に問題があるといえます。**こうした問題が起こる背景に経営責任者や経営層が目先の業績のみを部下の評価対象としていることが実に多く、そのため部下は不正を犯してでも業績を上げようと考えてしまいます。それは、その業績が最終的には経営層や経営責任者の評価につながるからです。そこで、歪んだ忖度に至るわけです。

しかし、間違った忠誠心を全員がもっているわけではありません。中には異動してきた人が不正に気づいて内部通報を行い、顕在化することも実際にあります。ところが、異動してきた人が不正に気づいたとしても内部通報するどころか、新たな忖度が始まり、間違った忠誠心が連鎖することがあります。

間違った忠誠心や歪んだ忖度で最も問題なのが、複数名で行われている場合で、歪んだチームワークができてしまうことです。皆で忖度して、皆で会社のために汚れ仕事をしましょうといった変なチームワークができてしまうことです。これは非常に危険な兆候で、最もひどいパターンが会社ぐるみ、組織ぐるみということになります。

図表 2-10　バッドロイヤルティの例

2バッド	意味	説明
バッドロイヤルティ	間違った悪い忠誠心	間違った忠誠心をもつ 歪んだ忖度(そんたく)をする 間違った忠誠心や歪んだ忖度の伝承をする

バッドロイヤルティにより、品質コンプライアンス違反を止めることができなくなるということは、**バッドロイヤルティを取り除けば、違反を止めることができる**ということです。バッドロイヤルティを直接取り除くことは困難ですが、バッドロイヤルティが育まれた背景や環境を改善することはできます。

◆ バッドエスティメーションとは

バッドエスティメーションとは、**間違った悪い憶測や危うい自信、傲慢さのこと**をいいます。Estimation は、「評価」「推測」などと訳されます。

バッドエスティメーションは、**顧客からオーバースペック要求があった場合に生じやすく、スペックを下回っても、使用上は問題ないと勝手に判断してしまったりします。それぐらいは問題ないはずだ、技術的には大丈夫だ、他社でもこれくらいはやっているという考え方をもつこと**

により、違反を止めることができなくなるのです。

顧客が購買品の受け入れ時に、供給者の検査結果を検査成績書などで確認しますが自社では検査しない場合が多く、検査結果をごまかしても顧客の製造過程で問題が生じないかぎり、表沙汰にならないことが多いのです。技術的に問題が起きないことに確証をもってのことですので、まずわからないということになります。

ここで自動車部品製造業の事例を紹介しましょう。

エンジンに取り付ける部品で厳しい寸法精度の要求がありました。しかし、その寸法精度はある加工方法（機密のため明確にできません）ではとても出せるものではありませんでした。よって、製造したもののうち半数近くが不適合品となりました。供給者は採算が合わないため、取引価格のアップを訴えましたが発注者は全く取り合わず、むしろさらなるコストダウンを要求しました。

当該供給者の技術責任者は自動車エンジンに関する技術的知識が高く、当該部品の使用目的から要求されるような厳しい寸法精度は必要ないと確信していました。そこで、寸法測定結果のごまかしが行われたのです。発注者側は、このことに全く気づくことなく生産が続けられました。

この事例では、たまたま問題が起こりませんでしたが、仮に問題が起きた場合、リコールになりかねず、そうなれば会社の存続が危うくなります。

こうした不正は、**「わが社だけでなく、他社でもやっている」という開き直りから生じたりします**。これは、会社ぐるみの不正にもつながりかねません。

図表 2-11 バッドエスティメーションの例

3バッド	意味	説明
バッドエスティメーション	間違った悪い憶測	間違った憶測をする 危うい自信をもつ 傲慢になる

バッドエスティメーションは、**供給者の技術的知識が高い場合、発注者が供給される製品や部品・材料の技術的知識がない場合に生じやすいといえます。正式受注の前に、製造実現性を適切に評価し、実現可能な方法を発注者にアピールすることが必要**です。

また、憶測だけで判断することは技術者として恥ずべき行為です。どのような仕事でもそうですが、傲慢になってはいけないのです。

図表 2-12　3つのバッドのまとめ

3つのバッド	意味	説明
バッドアウェアネス	間違った悪い認識	見つからなければよいと思う 見て見ぬふりをする 開き直る
バッドロイヤルティ	間違った悪い忠誠心	間違った忠誠心をもつ 歪んだ忖度（そんたく）をする 間違った忠誠心や歪んだ忖度の伝承をする
バッドエスティメーション	間違った悪い憶測	間違った憶測をする 危うい自信をもつ 傲慢になる

4 » 4つのオーバー・3つのバッドへの対応方法

（1）４つのオーバーへの対応方法

◆ オーバースペックへの対応方法

供給者が品質コンプライアンス違反を起こさないためには、発注者が供給者に無理を押し付けないことが前提です。品質にかかわる無理、コストにかかわる無理、納期にかかわる無理、管理にかかわる無理など、様々な無理を押し付けていないかどうか、調査をします。

調査方法は、供給者へのアンケート調査や聞き取り調査がありますが、直接聞き取りを行うのは難しいかもしれません。

アンケート調査の実施部門は、購買する製品やサービスを発注する部署やそれらを評価する部門を避け、開発・製造・購買部門から独立した部門がよいでしょう。例えば、品質コンプライアンス対応部門、もしくは品質保証部門や内部監査部門などです。ただし、品質保証部門でも供給者と関わりのない業務を実施している担当部署、担当者が望まれます。

図表 2-13　オーバースペックへの対応方法

対　象	実施事項
発注者	無理な要求仕様（品質、コスト、納期、管理）を押し付けない。
供給者	無理な要求仕様（品質、コスト、納期、管理）を見極める。

供給者の意見を調査するだけではありません。発注者の内部においても、過剰な要求仕様となっていないかどうかを確認しなければなりません。製品に要求される仕様よりも、厳しい仕様で供給者に要求している場合は、特に綿密な調査が必要で、合理的な理由がなく、単に厳しくしているような状況は避けなければなりません。

受注する側としては、**顧客の要求仕様を満たすことができるのかどうかを受注前に見極めることが大切であり、「できるかどうかわからないけど、とにかくやってみよう」という見切り発車はとても危険**です。見積もりの段階で、「製品コスト」だけでなく、「品質」「トータルコスト」「納期」「管理面」に実現可能かどうかを確実に評価することが必要で、仕組みとして実施することが重要です。

まずは、**供給者へ無理な要求仕様を押し付けていないかを調査し、問題があれば是正していく**ことです。ここでは、実現可能性を適切に評価する仕組みを構築し、運用することが今後、取り組むべき課題となるでしょう。

◆ オーバークオリティへの対応方法

オーバークオリティの問題は、営業、企画、設計・開発などの上流工程での対応が重要です。「後工程はお客様」と言われるとおり、後工程の効率や組織全体の最適化までを考慮しなければなりません。

営業部門としては、受注段階で競合他社に差をつけるために、能力以上の低コストや短納期を顧客に提示してしまうことがあります。これを回避するには、**見積もりを提出する際に、設計・開発部門、製造部門などとともに製造実現性について十分に検討**します。

顧客からの引き合いから受注、企画・製品設計・工程設計・試作・量産試作と量産に至るまでのプロセスにおいて、段階ごとに組織横断的に検討することが必要です。その検討の場は「デザインレビュー」、略してDRと呼ばれ、段階が進むごとにDR1、DR2、DR3……とそれぞれ名付けられ、検討事項を前もって決めて、必要とされる関係者が集まって議論をします。DRにより、受注前あるいは企画決定前の初期段階でのオーバークオリティの回避を行います。

検討事項には、設定した製品品質を満たす能力があるか、設定したコストを満たすことができるかどうか、設定した納期を満たすことができるかどうかなどがあり、目標達成が可能かどうかを検討します。

その際、どの部門も対等な立場で議論することが大切です。**顧客に近い営業部門や企画部門などの意見が強く、後工程の製造部門などの立場が弱い場合は注意が必要**です。営業部門から顧客や市場が強く要求しているとか、顧客重視の考え方でいくべきだと主張されれば、それを受け入れざるを得なかったりします。

また、設計・開発部門からこの精度でなければだめだとか、外観はここまで必要などと主張されれば、製造部門として反論する客観的データがなければ、それを受け入れざるを得なくなったりします。

なおこのとき、経営層の参加が望まれます。目標達成のために人や設備などの経営資源を投入することを決定しなければならないからです。

経営資源を投入できる権限をもっていない人たちだけで検討すると、やはりどこかで無理が生じることになります。

初期段階のデザインレビューにより、すべての部門が組織全体のことを考え全体最適を目指すことができれば、品質コンプライアンス違反を防ぐだけでなく、利益貢献にもつながります。

図表 2-15　オーバークオリティへの対応方法

対　象	実施事項
営業部門 企画部門 設計・開発部門 製造部門 購買部門 品証部門 など	設定した製品品質を満たす能力があるかを初期段階のデザインレビューで評価する。
	設定したコストを満たすことができるかどうかを初期段階のデザインレビューで評価する。
	設定した納期を満たすことができるかどうかを初期段階のデザインレビューで評価する。

◆ オーバープレッシャーへの対応方法

オーバープレッシャーはどの組織にもあり得る現象で、特に同業他社との競争が激しい場合に発生する可能性が高まります。「無理な目標設定」「無理な注文内容の受注」「製造能力を超えた無理な設計」によって引き起こされる問題です。

オーバープレッシャーへの対応方法としては、まず**経営層が自社の技術力や生産能力を把握する**ことです。経営層が売上と利益の確保のために躍起になるのは当然ですが、どんなに叱咤激励しても、能力を超えることはできないものと心得ることが大切です。経営層は、自社の能力を過信せずに冷静に評価することが重要であり、能力によっては目標を下げる、もしくは能力を向上させるための経営資源の投入などを検討します。

無理な注文内容の受注は、営業部門が先走らないように受注前の見積もり時に設計・開発や製造などの技術部門と実現可能かどうかを検討します。

製造能力を超えた無理な設計については、設計・開発部門が製造工程能力を把握して、無理のない設計をすることが必要です。

これらは、オーバークオリティへの対応方法と同様に、**早い段階でのデザインレビューが有効**になります。

図表 2-16　オーバープレッシャーへの対応方法

対　象	実施事項
経営層	自社の能力を把握し、無理な目標設定をしない。 能力向上のために、経営資源を投入し、時間をかけて育む。
営業部門	受注前、見積もり時に設計・開発部門、製造部門などと顧客要求を満たすことができるかを検討する。
設計・開発部門	製造工程能力を把握して、無理のない設計をする。

◆ オーバーローコストオペレーションへの対応方法

オーバーローコストオペレーションとは、利益確保のために過剰なローコストオペレーションを進めるあまり、必要な経営資源を投入せずにその結果として不正に至る問題です。そうなると必要な経営資源を投入しているかどうかを把握することが重要となります。それにはまずは、現場の声を聞くことから始めます。**個別面談などで、現場で無理な作業がないかどうか、管理者が不足していないかどうか、現場の本音をヒアリングします。**

現場の作業員については、標準作業が決められていて、作業の標準時間が明確になっていれば、必要工数から人員が不足しているかどうかはすぐにわかります。

しかし、標準時間が定められていない例がよくあります。標準時間が定められていなければ、生産量に応じて人員を増減させることができないため、忙しいときもあれば暇なときもあるというようにムラが生じます。この忙しいときが長期間続く場合に人員に過度な負担がかかり、不正に至ることになるのです。

したがって、まずやるべきことは適切な標準時間を設定して、必要人員を把握し、投入することです。必要人員を投入できない場合は、作業の機械化、自動化で対応するか、それでもできない場合は、仕事量を減らすしかありません。

過剰な管理コスト削減についても対応が必要です。管理者が不足している場合、目先の業務に追われてPDCAが回せず、改善に着手できません。管理者の役割が明確になっていない場合にこのような事態に陥ることがあります。**そこで、管理者が実施すべき事項を明確にしたうえで、管理者の適正人員数を定めておきます。**

人だけでなく、設備などの経営資源についても過不足を把握する必要があります。人員不足を補おうと思っても、人手不足でなかなか手当てできない場合もあります。このようなときは、**どの程度の人員不足なのかを客観的に評価し、必要な機械化、自動化を適切に計画**しなければなりません。目先の出費を惜しんで、将来大きな出費を余儀なくされるようでは全くの無駄になります。

図表2-17　オーバーローコストオペレーションへの対応方法

対　象	実施事項
現場要員	現場の本音をヒアリングする。 標準作業、標準時間を定め、必要人員を客観的データで把握できるようにする。 作業の機械化、自動化を推進する。
管理者	管理者の役割を明確にする。 管理者の適正人員を定め、不足を補う。
設備	人員不足の評価結果により、適切な機械化、自動化を計画し、実行する。

（2）３つのバッドへの対応方法

◆ バッドアウェアネスへの対応方法

バッドアウェアネスとは、間違った悪い認識のことです。してはいけないことはしないという、いわゆる倫理観の欠如が事態を招いているのですから、組織全体で倫理を重視する風土を醸成することが必要です。

まずは**経営責任者や経営層が倫理観をもって仕事に取り組むことが大切であり、その姿勢を部下に見せること**が求められます。

さらに、倫理に関する方針を打ち出し、組織内に展開します。倫理綱領の制定に際しては、様々な業界団体から発行されている倫理綱領を参考にするとよいでしょう。

なお、倫理綱領や倫理規定を制定しても誰も読まない、知らないでは意味がありません。入社時教育や理解度テスト、昇格テストなどに組み入れて周知徹底するようにします。

また、**倫理違反は見つからなければよいと考える人を出さないためには、違反を抽出する仕組みが必要**となります。例えば、「品質コンプライアンス内部監査」「従業員ヒアリング」「日常的管理（現場パトロール）」などの仕組みです。

品質コンプライアンス内部監査については後述しますが、内部監査だけでなく、現場要員や管理者など従業員の声に耳を傾け、オーバーローコストオペレーションへの対応と同様にヒアリングが有効です。

日常的管理として、経営層・管理者が常に現場に赴き、管理状況を把握することが大切です。経営責任者も現場診断や現場パトロールに参加することが望ましく、組織全体で取り組んでいることをアピールすれば、より効果的です。

また、**監視カメラなどの設置も効果的**です。品質コンプライアンス違反とは異なりますが、ある食品会社で作業現場への入室前に入念な手洗いをすることがルールとしてあったのですが、従業員に見つからないように監視カメラを取り付け、確認したところ多くの人が手洗いをしなかったり、手洗いをしてもいい加減な仕方をしていたりしていたことが判明したことがあります。そこで、監視カメラがあることを公表し、定期的に録画内容をチェックしたところ、全員が完璧に手洗いをするようになりました。

監視カメラを設置するだけでなく、目的を確実に実行する仕組みも併せて考えることがポイントだということです。

また、**不正発見のきっかけは内部通報が最も多いことから、有効な内部通報制度にすることが大切**です。せっかく内部通報制度を作っても、機密が守られない、報復されるなどの恐れがあれば誰も通報しません。内部通報が全くないということであれば、内部通報制度自体に問題がある可能性があり、その場合、抜本的な見直しが必要です。そして、通報した本人が特定できないような仕組みにするのが大原則です。

さらに、倫理綱領や倫理規定を認識させるとともに、不正をしないという誓約書を従業員と交わす施策なども検討します。

図表 2-18　バッドアウェアネスへの対応方法

対　象	実施事項
経営責任者 経営層	倫理方針を打ち出す。倫理綱領、倫理規定を制定し、維持・活用する。
経営層 管理者	品質コンプライアンス内部監査、従業員ヒアリング、日常的管理（現場パトロール）を実施する。
管理部門	監視カメラの設置と監視の仕組みをもつ。 有効な内部通報制度をもつ。 誓約書を提出させる。

♦ バッドロイヤルティへの対応方法

バッドロイヤルティとは、間違った悪い忠誠心、間違った悪い忖度により引き起こされる問題です。会社のためだから、部門のためだからといって不正をする、あるいは見過ごすことは会社を危機に晒すことだと全従業員に認識させます。

バッドロイヤルティは、日本企業に特有な風習ともいえます。会社のためなら、多少法令違反をしても許される悪しき風習が完全になくなっていないのは事実です。誤った滅私奉公は全く時代遅れの考え方です。今でも談合がなくならないのは、この風習が残っているせいなのかもしれません。

バッドロイヤルティへの対応は、**倫理方針を打ち出し、倫理綱領、倫理規定を策定することが有効**です。

さらに、**品質コンプライアンス違反に対する罰則を設け、公表することが必要**です。たとえ、会社のためであろうと品質コンプライアンス違反を犯した場合は罰を受けるというルールを明確にし、それを全従業員に周知します。通常のコンプライアンスに対する罰則と同様かそれ以上の厳しい罰則とすることが大切で、会社への忠誠心、忖度からの違反に対しても、情状酌量としないことを徹底します。

バッドロイヤルティを断ち切るために、経営責任者が間違った忠誠心や忖度を受け入れる意思がないことを宣言します。経営責任者自身が売上や利益のために多少のことは目をつむるような意識をもっていれば、従業員は自分の評価を上げるために品質コンプライアンス違反を犯してでも、経営責任者の関心を引くような行動を起こしかねません。従業員は、忠誠心の程度にかかわりなく経営責任者の意向を汲むものです。だからこそ、経営責任者自身が強く倫理観をもって経営にあたることが重要になります。

従業員も間違った忠誠心をもたないことを自覚するのは当然のこととして、間違った忖度はしないという強い意識をもつことが大切です。

図表 2-19　バッドロイヤルティへの対応方法

対　象	実施事項
経営責任者	倫理方針を打ち出す。倫理綱領、倫理規定を制定し、維持・活用する。 経営責任者自身が強い倫理観をもって経営にあたる。
管理部門	品質コンプライアンス違反に対する罰則を定め、周知する。 情状酌量をしない。
従業員	間違った忠誠心をもたないことを自覚するのは当然のこととして、間違った忖度はしないという強い意識をもつ。

◆ バッドエスティメーションへの対応方法

バッドエスティメーションとは、間違った悪い憶測や危うい自信、傲慢さから生じる問題です。顧客からオーバースペック要求があった場合に生じやすく、スペックを下回っても使用上は問題ないと勝手に判断することなどから生じる不正です。

これも見積もり時、受注前に製造実現性を確実に評価していればよいものの、十分な評価をする前に受注が決まってしまった場合に生じます。対応方法は、**受注前に正しく製造実現性を評価するということに尽きます。**

それでも、受注後に要求仕様を満たせないことが判明する場合があります。これに対しては、誠実に顧客に伝えることを前提に、もしオーバースペックとなっているのであれば、それを修正してもらうよう要請します。受注側が誠実に伝えているにもかかわらず、顧客が受け入れる意思を示さなければ、そのような顧客とは取引しないという覚悟も必要です。

優秀な技術者ほど、契約上のスペックを外れたとしても、技術的な評価により問題がないことに確信をもつことがあります。ここでも強い倫理観が求められ、このような傲慢さは許されません。以前、偽装食品が社会問題になったことがあります。これは食材の違いは素人にはわからないという傲慢さと思われても仕方がありません。

技術者が備えておくべき基本的な素養として、「工学倫理」があります。工学倫理とは、技術者の成果物により、その利用者の安全を脅かしたり、損害を与えたりするということがないように、倫理に基づき確実に業務を遂行するための行動基準です。工学倫理は多くの大学の授業に取り入れられていますが、企業においても教育プログラムに組み入れられることがより強く求められていくでしょう。

コストをかければ契約上のスペックを満たすことができるのであれば、たとえ利益が出なくても、場合によっては赤字になっても対応しなければなりません。

例えば、寸法精度が厳しいため、コストに織り込んでいなかった全数検査を実施するなど、十分に痛みを感じ反省することで、次の受注では適切な対応をとることにつながります。適切な対応をとるためには、仕組みを刷新することが大切で、これも覚悟をもってやることが求められます。ここでのコストを受け入れないばかりに後で問題となり、何千倍、何万倍の損失を出してしまっては元も子もないということです。

図表 2-20 バッドエスティメーションへの対応方法

対　象	実施事項
営業部門 設計部門	確実に製造実現性を評価する。 受注後に要求仕様を満たせないことが判明した場合、真摯に誠実に顧客に伝える。
設計部門 (技術者)	強い倫理観をもつ。傲慢さをもたない。 工学倫理を教育プログラムに取り入れる。
全部門	コストをかけて済むことであれば、コストをかけて対応する。 適切な受注につなげるよう仕組みを刷新する。

図表 2-21　4つのオーバーへの対応方法のまとめ

4つのオーバー	対　象	実施事項
オーバースペック	発注者	無理な要求仕様（品質、コスト、納期、管理）を押し付けない。
	供給者	無理な要求仕様（品質、コスト、納期、管理）を見極める。
オーバークオリティ	営業部門 企画部門 設計・開発部門 製造部門 購買部門 品質保証部門 など	設定した製品品質を満たす能力があるかを初期段階のデザインレビューで評価する。
		設定したコストを満たすことができるかどうかを初期段階のデザインレビューで評価する。
		設定した納期を満たすことができるかどうかを初期段階のデザインレビューで評価する。
オーバープレッシャー	経営層	自社の能力を把握し、無理な目標設定をしない。 能力向上のために、経営資源を投入し、時間をかけて育む。
	営業部門	受注前、見積もり時に設計・開発部門、製造部門などと顧客要求を満たすことができるかを検討する。
	設計・開発部門	製造工程能力を把握して、無理のない設計をする。
オーバーローコストオペレーション	現場要員	現場の本音をヒアリングする。 標準作業、標準時間を定め、必要人員を客観的データで把握できるようにする。 作業の機械化、自動化を推進する。
	管理者	管理者の役割を明確にする。 管理者の適正人員を定め、不足を補う。
	設備	人員不足の評価結果により、適切な機械化、自動化を計画し、実行する。

図表 2-22　３つのバッドへの対応方法のまとめ

３つのバッド	対　象	実施事項
バッド アウェアネス	経営責任者 経営層	倫理方針を打ち出す。倫理綱領、倫理規定を制定し、維持・活用する。
	経営層管理者	品質コンプライアンス内部監査、従業員ヒアリング、日常的管理（現場パトロール）を実施する。
	管理部門	監視カメラの設置と監視の仕組みをもつ。 有効な内部通報制度をもつ。 誓約書を提出させる。
バッド ロイヤルティ	経営責任者	倫理方針を打ち出す。倫理綱領、倫理規定を制定し、維持・活用する。 経営責任者自身が強い倫理観をもって、経営にあたる。
	管理部門	品質コンプライアンス違反に対する罰則を定め、周知する。情状酌量をしない。
	従業員	間違った忠誠心をもたないことを自覚するのは当然のこととして、間違った忖度はしないという強い意識をもつ。
バッド エスティメーション	営業部門 設計部門	確実に製造実現性を評価する。 受注後に要求仕様を満たせないことが判明した場合、真摯に誠実に顧客に伝える。
	設計部門 （技術者）	強い倫理観をもつ。傲慢さをもたない。 工学倫理を教育プログラムに取り入れる。
	全部門	コストをかけて済むことであれば、コストをかけて対応する。 適切な受注につなげるよう、仕組みを刷新する。

第2部

品質マネジメントシステムとプロセスアプローチ

第 3 章

品質マネジメントシステムへの展開

1 ›› 品質マネジメントシステムを正しく理解する

品質マネジメントシステムを一言で言えば、より良い製品やサービスを提供するための仕組みのことです。

品質コンプライアンスへの対応は、品質マネジメントシステムの活用が有効ですが、品質マネジメントシステムを正しく理解していない組織が多いのが現実です。これは、品質マネジメントシステムの認証維持が目的となり、その本来の効果よりも運用が足かせになっていることが主因です。

こうした事情を踏まえ、まずは品質マネジメントシステムを正しく理解し、有効な品質マネジメントシステムに改善していく姿勢が重要となります。そのために第２部では、品質マネジメントシステムとその中核となるプロセスアプローチについて本来の意図から説明し、品質コンプライアンス違反防止にどのように活用していくのかを解説します。

図表 3-1　品質コンプライアンス違反への対応方法（再掲載）

	違反の内容	対応方法
ケース 1	品質マネジメントシステムの未遵守	品質マネジメントシステムの強化
ケース 2	品質マネジメントシステムの不備	品質マネジメントシステムの強化
ケース 3	品質マネジメントシステム水面下での不正	品質マネジメントシステムの強化 品質コンプライアンスに関するリスクマネジメント

◆ 顧客のニーズと期待に応える

顧客のニーズ（要望・要求）や期待を確実に満たした製品やサービスを提供し、それを継続させることができれば、顧客満足につながります。顧客満足を達成し続けることは、組織が持続的に発展するうえでの基本です。

このニーズと期待を満たす程度を**「品質」**といいます。ニーズや期待を満たせば「品質が良い」となり、ニーズ及び期待を満たさなければ「品質が悪い」となります。

顧客が製品やサービスを購入するときには必ず目的があります。「品質を満たす」とは、顧客の目的が果たせるか果たせないかということです。例えば、ボールペンを購入して使ってみたらインクが出なかったとすれば、文字を書くという目的が果たせないので、そのボールペンは品質が悪いということです。

簡単に表現すると、**品質マネジメントシステムとは、「品質に関する方針、目標をもち、それを達成する組織の体制や仕組み」**ということになります。

顧客が満足しなければ、組織自体が成り立たないので、品質マネジメントシステムは組織にとって最も重要な仕組みの一つといえます。

♦ PDCAサイクルで改善する

良い品質マネジメントシステムであれば、顧客が満足し、良い結果が得られます。良い結果を得ようとすれば、良い品質マネジメントシステムにしなければなりませんが、それには品質マネジメントシステムをPDCA サイクルで改善し続けていくことです。

改善は誰もがわかるように見える化し、組織の人々が理解して仕組みどおりに実施していくことが大切です。

そこで、文書化した情報（文書類、記録）によって品質マネジメントシステムの見える化を実現していきます。これにより、PDCA サイクルを回していきます。

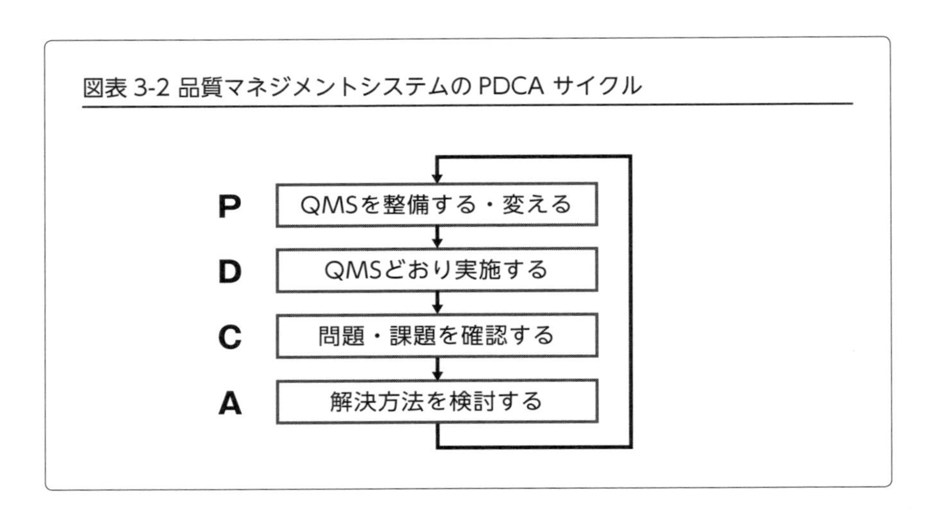

図表 3-2 品質マネジメントシステムの PDCA サイクル

◆ 品質マネジメントシステムを見える化する

品質マネジメントシステムの仕組みを概念図として見える化した例が図表 3-3 です。

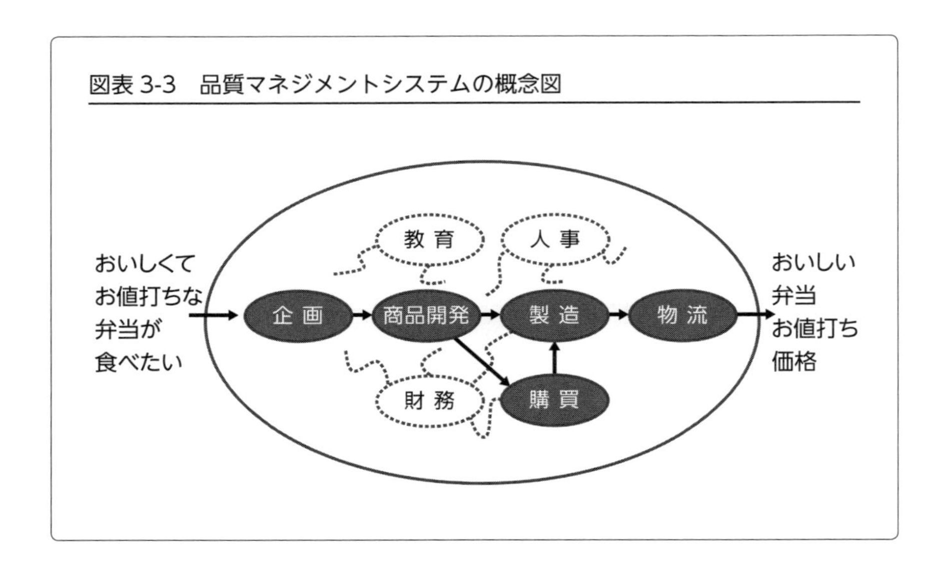

図表 3-3 品質マネジメントシステムの概念図

図表3-3の概念図はスーパーマーケットやコンビニエンスストアなどで売られている弁当を作る会社の例です。

顧客のニーズや期待にはまず「おいしくて値段の手ごろな弁当が食べたい」があります。おいしいのは基本ですが、価格も重要です。それだけではありません。食中毒や異物混入などの食品事故や供給される食材の偽装などにも注意を払わなければなりません。また、食品衛生法をはじめとする法規制への遵守も求められます。

顧客のニーズと期待には「顧客が直接、あるいは間接的に組織に伝えること」や「異物が入っていないことなど、当たり前過ぎて伝えないこと」「法規制に代表される義務」があり、これらを満たさなければ品質が良いとはいえません。

この弁当を製造する会社には、様々な活動があります。商品企画・商品開発・製造・購買・物流などの直接製品の製造・販売に関与する活動と、教育・人事・財務など製品の製造・販売に間接的にかかわる活動があります。これらの活動は、単独でばらばらに動いているわけではなく、直接的なのか間接的なのかの違いはあるものの、必ずつながりがあります。

つまり、**品質マネジメントシステムは組織の様々な活動の一連のつながりを見える化することがポイント**といえます。

品質マネジメントシステムに顧客のニーズ及び期待が入力され、様々な活動を順序よく行って最終的に顧客のニーズ及び期待を満足する製品やサービスを提供することで、顧客満足は得られるのです。

◆ プロセスとは

品質マネジメントシステムでは、**これらの様々な活動の一つ一つのことを「プロセス」**といいます。製造業であれば、「工程」のことです。加工工程・組立工程・検査工程などそれぞれの活動は、上流工程から下流工程に向かって製品が流れ、つながりをもっています。

製造業に限らず組織では、顧客満足を得るために様々な活動をしていますので、多くのプロセスが存在することになります。一人ひとりの活動が集まって一つの部署の活動となり、いくつかの部署の活動が集まって一つの部門となるように、プロセスも運営管理しやすい程度の大きさで集まります。弁当を製造する会社の場合、「製造プロセス」があります。その中には「生産準備プロセス」「生産管理プロセス」「生産プロセス」「設備管理プロセス」などがあり、これらのプロセスの中にはさらに細かいプロセスがあります。このようにプロセスの範囲を大きくとらえたり、細かくとらえたりすることができますので、どれくらいの範囲で運営管理するとうまくいくのかをよく検討して、プロセスの範囲を決める必要があります。

プロセスをうまく運営管理すれば最終的に良い結果、すなわち顧客満足が得られます。これが、「品質はプロセスでつくり込む」という考え方です。製造業で言われる「品質は工程でつくり込む」と同じ考え方です。

2 ›› 品質マネジメントシステムに関連する用語の理解

品質マネジメントシステムでは、間違って解釈されやすい用語に注意が必要です。品質マネジメントシステムに関連する用語は、国際規格であるISO9000（日本語に翻訳されJIS Q 9000として発行）に定義されています。

プロセス（process）
→インプットを使用して意図した結果を生み出す、相互に関連する又は相互に作用する一連の活動。

様々な活動の一つ一つをプロセスと説明しましたが、ISO9000の定義でもプロセスは「活動」とされています。

プロセスには必ずインプットがあり、意図した結果であるアウトプットがあります。「相互に関連する又は相互に作用する」とはプロセスがお互いにつながっているとか、お互いに影響しあうことを意味しています。前のプロセスからのアウトプットが次のプロセスのインプットとなり、そのプロセスからのアウトプットがさらにその次のプロセスのインプットというようにつながっているというイメージです。

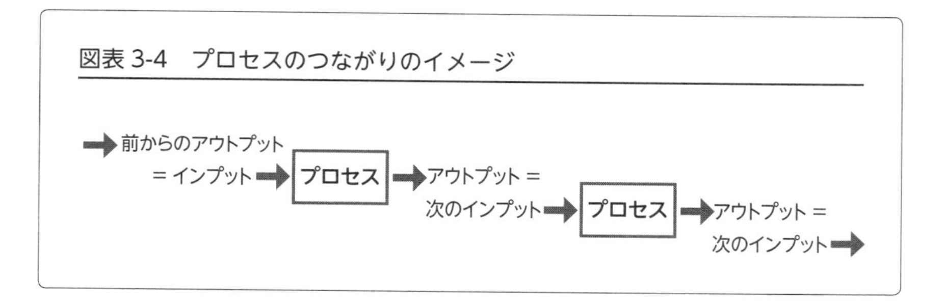

マネジメントシステム（management system）
→方針及び目標、並びにその目標を達成するためのプロセスを確立するための、相互に関連する又は相互に作用する、組織の一連の要素。

ここでいう「要素」とは組織の機能のことです､組織の機能としては、企画・営業・設計・購買・製造・人事・財務などがあり、それらの要素はつながっています。要素がただ集まっているだけではなく、方針や目標をもって、それを達成する活動を行ってこそ、マネジメントシステムといえるのです。**マネジメントシステムとは、経営システムそのもの**です。「方針」と「目標」を「経営方針」と「経営目標」と読み替えれば、このことが理解できるでしょう。

品質マネジメントシステム（quality management system）
→品質に関する、マネジメントシステムの一部。

品質マネジメントシステムは、すべてのプロセスにおいて正しく間違いのない運営管理を行うことで、最終的により良い結果を得るために行われるべき活動のことです。**「品質に関する、マネジメントシステムの一部」ということは、経営との一体化が前提であり、はみ出した部分がない**ということです。はみ出した部分とは、効果がなく経営に役立たない形骸化している部分ということです。

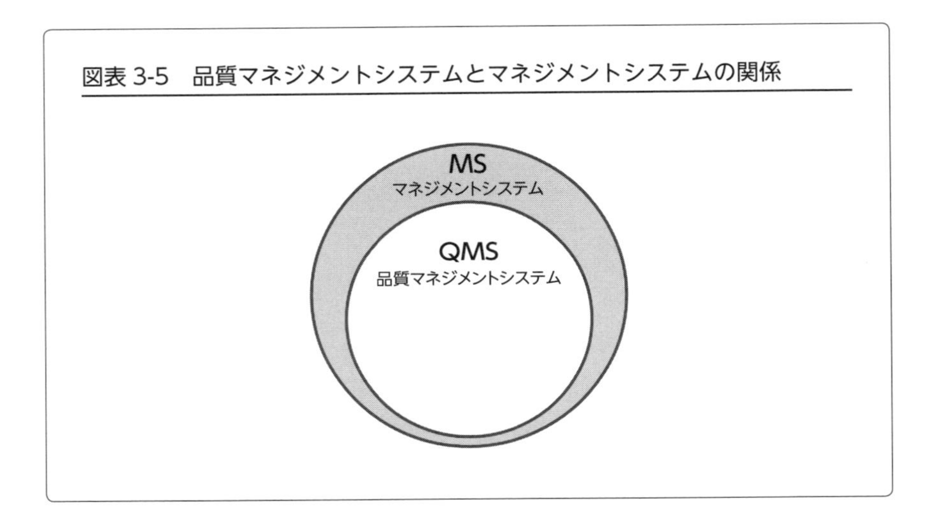

図表3-5　品質マネジメントシステムとマネジメントシステムの関係

システム（system）
→相互に関連する又は相互に作用する要素の集まり。

システムとは、企画・営業・設計・購買・製造・人事・財務などの組織の機能の集まりです。各要素が機能しあい、このシステムにおいて方針や目標をもって、それを達成する活動を行うことでマネジメントシステムになるということです。

品質（quality）
→対象に本来備わっている特性の集まりが、要求事項を満たす程度。

「品質」は様々に解釈される用語の一つですが、品質マネジメントシステムの定義の後半で、「要求事項を満たす程度」とあるように、**要求**

事項を満たすかどうかが品質の良し悪しを決めることになります。要求事項を満たせば品質は良い、満たさなければ品質は悪いということです。

「対象」とはありとあらゆるコトやモノを表し、「本来備わっている」とは、あとから加えられたものではないことを意味します。例えば有名なミュージシャンが使っていた楽器の値段が非常に高くなる場合があります。これは本来の機能とは関係なく、希少という価値があとから加えられたことになります。このあとから加えられた価値で品質の良し悪しを決めてしまうと、そのものが本来もつ機能などが評価しにくくなります。

英語のqualityを日本語にするときに、コトには「品」を、モノには「質」という漢字をあてたといわれています。つまり、**品質とは品物の質という意味ではなく、品と質という意味**を表しています。したがって、モノだけでなく、サービスなどのコトにも品質が求められるのです。

「要求事項」とは、「ニーズや期待」のことです。

要求事項（requirement）
→明示されている、通常暗黙のうちに了解されている又は義務として要求されている、ニーズ又は期待。

品質マネジメント上の「要求事項」の定義は「**こういうものが欲しいというニーズやこうありたいという期待**」のことですが、このニーズや期待には３つの要素があります。この３つをホテルの予約の例で説明します。

１つめの「明示されているニーズ又は期待」とは、○月○日にチェックイン、○泊、シングル、禁煙の部屋とホテルに伝えることが該当します。

２つめの「通常暗黙のうちに了解されているニーズ又は期待」とは、タオルやシーツが洗濯してあることや清掃されていること、シャワーから湯が出るなど、言われなくてもあたり前に行っておくべきことが該当します。

３つめの「義務として要求されているニーズ又は期待」とは、適用される法規制などが該当します。消防法に即して、カーテンやじゅうたんなどは防炎物品を使用すること、誘導灯・誘導標識を設置すること、規模によってはスプリンクラーを設置することなどがあります。これらはすべて要求事項に該当します。

適合（conformity）
→要求事項を満たしていること。

要求事項とは、３つの要素のニーズ又は期待でした。そのニーズ又は期待を満たしていれば、「適合」ということになります。品質の定義から適合であれば、品質が良いということになります。

不適合（nonconformity）
→要求事項を満たしていないこと。

不適合であれば、品質が悪いということになります。不適合がないのが理想的ですが、仮に不適合が発生した場合、不適合への対応とともに二度と同じような不適合が発生しない仕組みの構築が必要です。

是正処置（corrective action）
→不適合の原因を除去し、再発を防止するための処置。

不適合が発生した場合には、不適合を取り除くだけでなく、不適合を発生させた原因を取り除かなければなりません。その際には、**「なぜなぜ」を繰り返して真の原因を探り、仕組み（プロセスや品質マネジメントシステム）をより良いものに変えていく**ことです。原因を取り除かないかぎり、同じ失敗を繰り返し、同じような不適合を再発してしまうことになります。

したがって、同じような不適合が再発していなければ、有効な是正処置ができたということになり、同じような不適合が再発している場合は、有効な是正処置ではなかったということです。

ここで大切なのは、「同じ不適合」を再発させないことではなく、「同じような不適合」を再発させないことです。そのために、原因を追究する仕組みの構築が必です。

修正（correction）
→検出された不適合を除去するための処置。

不適合が発生した場合、再発防止のための是正処置を行いますが、その前に発生してしまった不適合を取り除く処置が必要です。

例えば、設備点検を行うことになっていたにもかかわらず設備点検が行われていなかったという不適合が発生した場合、設備点検を行っていなかったという不適合なので、その不適合を取り除くとなると、すぐに設備点検を実施するということになります。その後に是正処置を実施します。

リスク（risk）
→不確かさの影響。

「不確かさ」が起こってしまった場合の影響、つまりその結果がリスクということになります。「起こり得る失敗」ということです。

実はリスクには期待していることから「好ましい方向のリスク」と「好ましくない方向のリスク」があります。一般的にはリスクは好ましくないことを指すことが多いのですが、例えば、想定していた以上に製品が売れて供給が追いつかないというのは期待以上の好ましい方向ですが、やはりリスクと考えられます。

3 » 品質マネジメントシステムの設計

よい製品をつくるためには、例えば図面どおりに加工するなど、設計どおりに作業を進めることが基本です。しかし、設計そのものが適切でなかったら、よい製品をつくることができません。同様に、**品質マネジメントシステムにおいても「設計品質」と「製造品質」双方への注力が必要となります。**なお、「設計品質」は「ねらいの品質」、「製造品質」は「できばえの品質」ともいいます。

◆ 品質マネジメントシステムに寄せられている様々なニーズ及び期待

世の中には、社会的、経済的、環境的など様々なニーズ及び期待があります。ニーズ及び期待は、「要求事項」ともいえます。

品質マネジメントシステムにも様々なニーズ及び期待が寄せられています。社会からは法規制などがあります。品質コンプライアンスの不正がないことも社会のニーズ及び期待といえます。

組織運営を継続させるためにも顧客のニーズ及び期待に応えることが重要で、製品・サービスに対する要求だけでなく、管理上の要求もあります。管理上の要求には、例えば製造業では供給者に対して「工程管理」「設備管理」「計測システムの管理」「特定の検査実施」などがあります。**品質コンプライアンスのうえで不正がないことは、社会とともに顧客のニーズ及び期待の一つ**ともなります。

供給者との共存共栄のためにも、供給者の要望に応えることが必要で、継続的な発注、利益を確保できる適正な価格設定、オーバースペックなど無理な要求がないことが求められます。その他の品質マネジメントシステムに寄せられるニーズ及び期待には、従業員の期待、経営者の願い、株主の要求、業界の取り決めなどがあります。

有効な品質マネジメントシステムとは、これらの様々なニーズ及び期待に応えることができるということです。

図表 3-6　品質マネジメントシステムに寄せられているニーズ及び期待

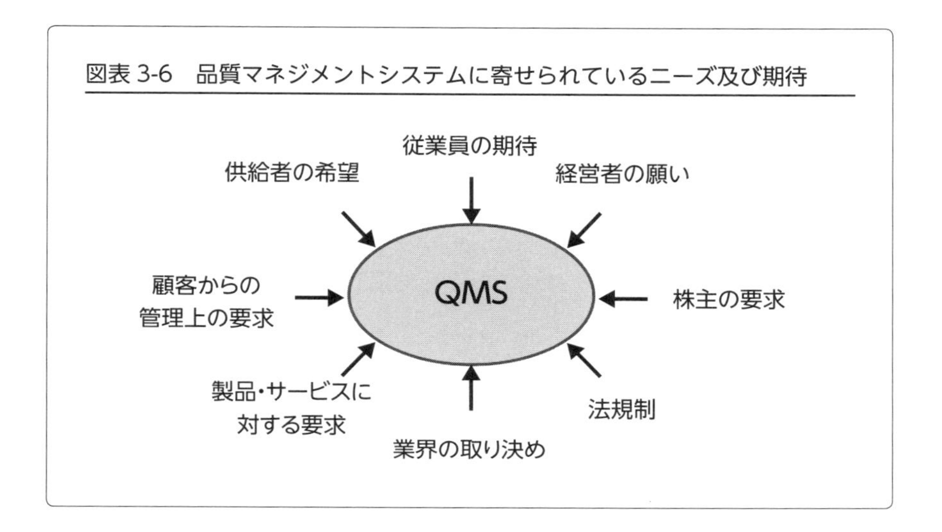

♦ 有効な品質マネジメントシステムとは

有効か有効でないかは、ニーズ及び期待を満たすか満たさないかということです。したがって、**有効な品質マネジメントシステムになるためには、様々なニーズ及び期待を満たせるように設計しなければならない**ということです。

次に、設計された品質マネジメントシステムに従って実施することが重要です。品質マネジメントシステムの取り決めどおりに実施していたにもかかわらず問題が生じた場合は、PDCA を回して品質マネジメントシステムを変更しなければならないことを説明しました。**様々なニーズ及び期待を満たすことができていないとすれば、品質マネジメントシステムの設計が良くなかった**ことになるため、ニーズ及び期待を満たせるような品質マネジメントシステムに変更していくことが必要で、これによって品質マネジメントシステムの改善が進みます。

図表 3-7　品質マネジメントシステム設計の観点

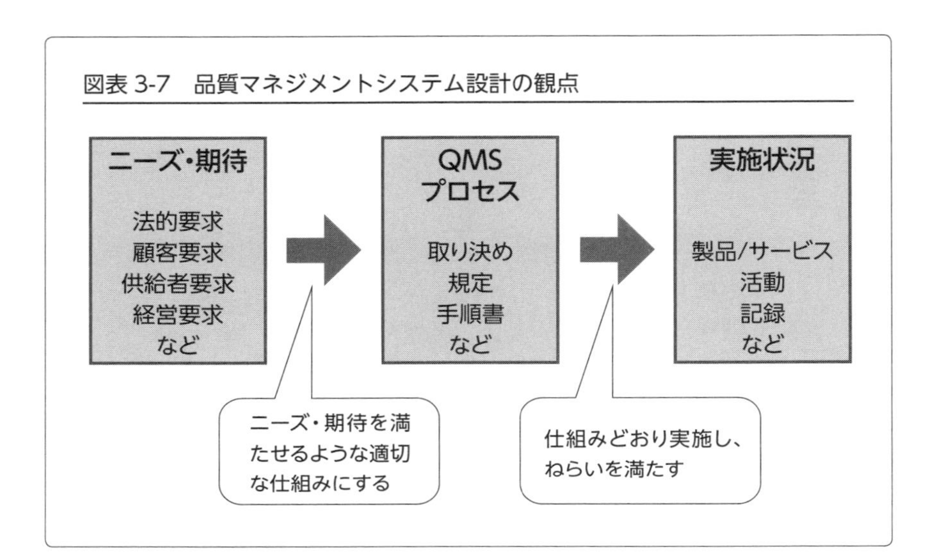

第 4 章

品質コンプライアンスと
ISO9001要求事項との関連

1 » ISO9001の構造

ISO9001は序文から始まり、箇条1～箇条10で構成されています（図表4-1）。「～しなければならない」と表現されている要求事項については、箇条4～箇条10に規定されています。

図表4-1　ISO9001の構成

序文	
1　適用範囲	
2　引用規格	
3　用語及び定義	
4　組織の状況	4.1　組織及びその状況の理解 4.2　利害関係者のニーズ及び期待の理解 4.3　品質マネジメントシステムの適用範囲の決定 4.4　品質マネジメントシステム及びそのプロセス
5 リーダーシップ	5.1　リーダーシップ及びコミットメント 5.2　方針 5.3　組織の役割、責任及び権限
6　計画	6.1　リスク及び機会への取組み 6.2　品質目標及びそれを達成するための計画策定 6.3　変更の計画
7　支援	7.1　資源 7.2　力量 7.3　認識 7.4　コミュニケーション 7.5　文書化した情報
8　運用	8.1　運用の計画及び管理 8.2　製品及びサービスに関する要求事項 8.3　製品及びサービスの設計・開発 8.4　外部から提供されるプロセス、製品及びサービスの管理 8.5　製造及びサービス提供 8.6　製品及びサービスのリリース 8.7　不適合なアウトプットの管理
9　パフォーマンス評価	9.1　監視、測定、分析及び評価 9.2　内部監査 9.3　マネジメントレビュー
10　改善	10.1　一般 10.2　不適合及び是正処置 10.3　継続的改善

序文では、品質マネジメントの原則、プロセスアプローチ、リスクに基づく考え方などについて説明されています。

なお本書では、**品質コンプライアンスに対応した品質マネジメントシステムを「品質コンプライアンスマネジメントシステム」**と呼ぶことにします。そして、品質コンプライアンスマネジメントシステムを広義の品質マネジメントシステムと位置づけます。

図表 4-2　品質マネジメントシステムと品質コンプライアンスマネジメントシステムとの関係

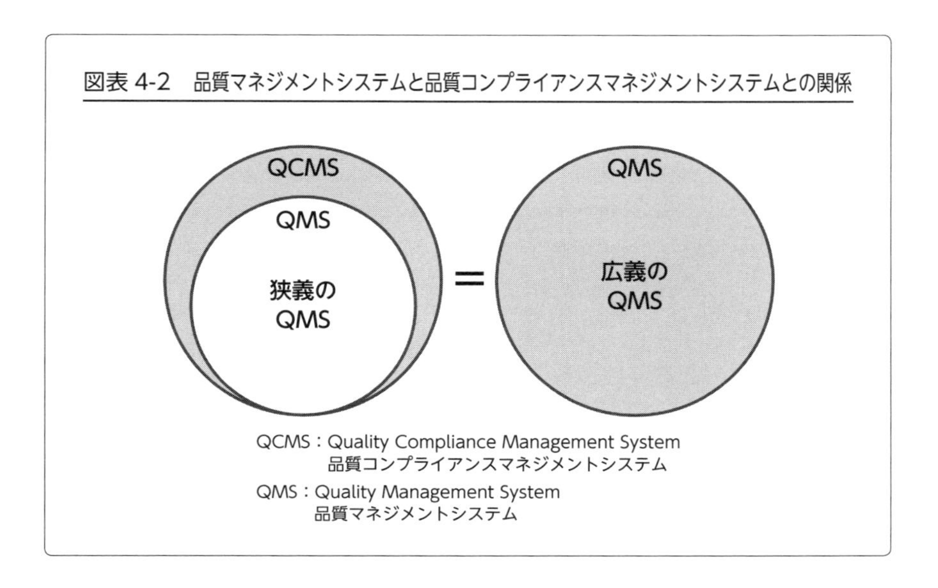

ISO9001の箇条はPDCAで整理されており、箇条6（計画）がPlan、箇条7（支援）と箇条8（運用）がDo、箇条9（パフォーマンス評価）がCheck、箇条10（改善）がActに相当し、箇条5（リーダーシップ）がPDCAを回すための中心となっています。そして箇条4（組織の状況）が基盤となってPDCAを支えているイメージとなります（図表4-1、4-3）。

図表 4-3　ISO9001 箇条の関連イメージ

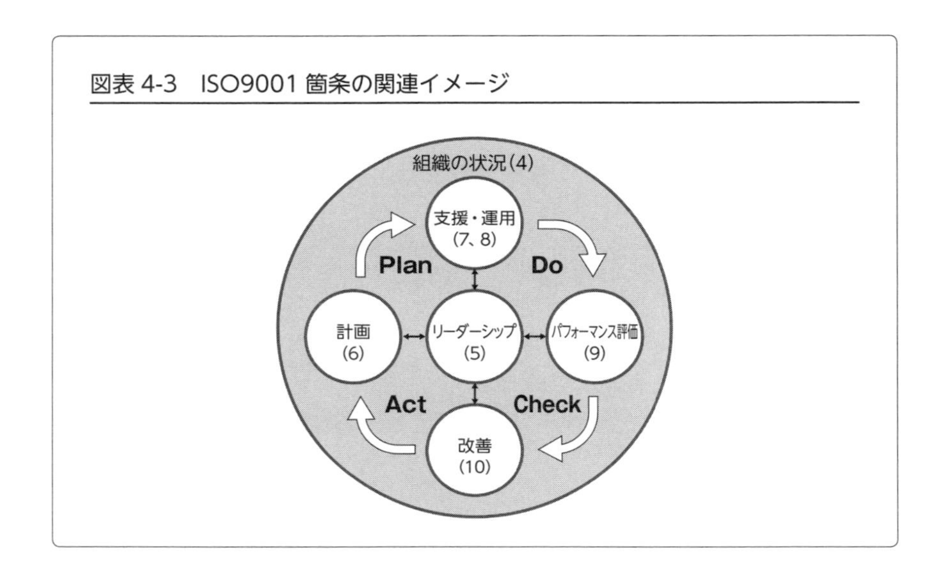

また、ISO9001 個別要求事項のそれぞれの関連性を連関図で示します(図表 4-4)。箇条 6 の一番大きな枠は、品質マネジメントシステム全体を意味します。箇条 8 の二番目に大きな枠は、顧客の要求から製品・サービスを提供するまでの直接的な流れで、製品づくり、サービス提供の仕組みの部分です。箇条 4、5、7、10 の枠から箇条 6 の枠に矢印が出ているのは、箇条 4、5、7、10 の要求事項が品質マネジメントシステム全体に反映、箇条 5、7、10 の枠から箇条 8 の枠に矢印が出ているのは製品づくりやサービス提供に反映していることを表します。また、箇条 9 の枠から箇条 6、8 への矢印が相互に出ているのは、品質マネジメントシステム全体と製品づくりやサービス提供からの情報がフィードバックされ、その評価結果をそれぞれに反映していることを表します。

図表 4-4　ISO9001 個別要求事項の連関図

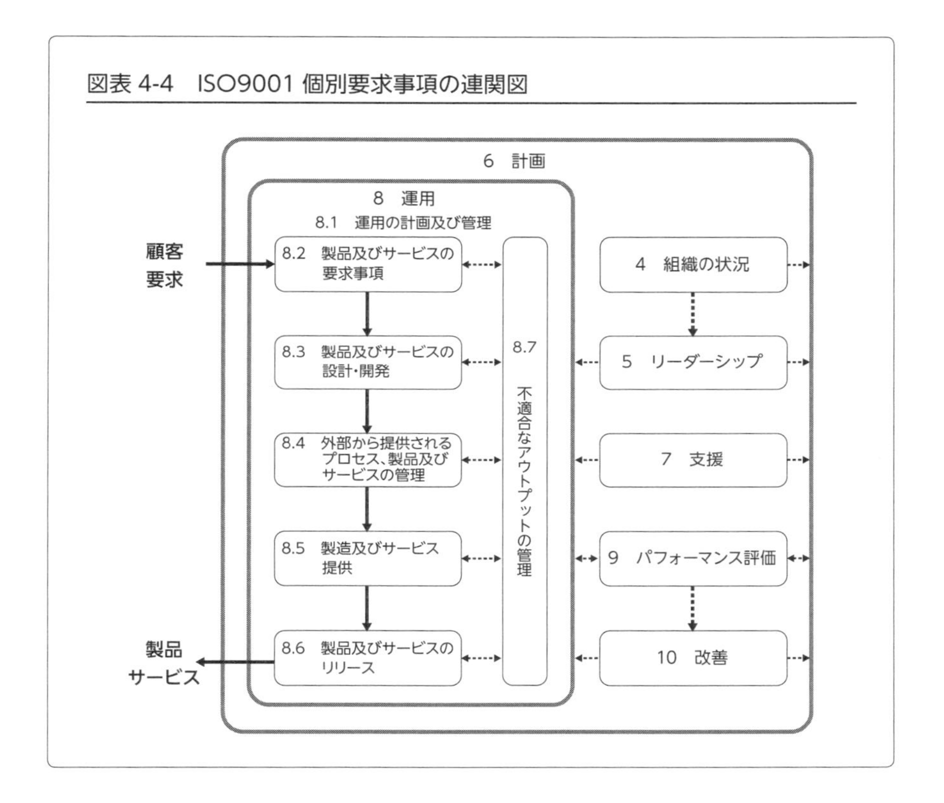

2 » ISO9001 要求事項と品質コンプライアンスへの対応

ISO9001 の要求事項は、品質マネジメントシステムの基礎的な要素が規定されています。

ここでは、ISO9001 の要求事項ごとに品質コンプライアンスについて、品質マネジメントシステムとしてどのように対応すればよいのかを解説します。また、他のマネジメントシステム規格（特に ISO14001）の要求事項から応用できるものも追加します。

◆ 箇条4　組織の状況

図表 4-5　ISO9001 における箇条 4 の位置づけ

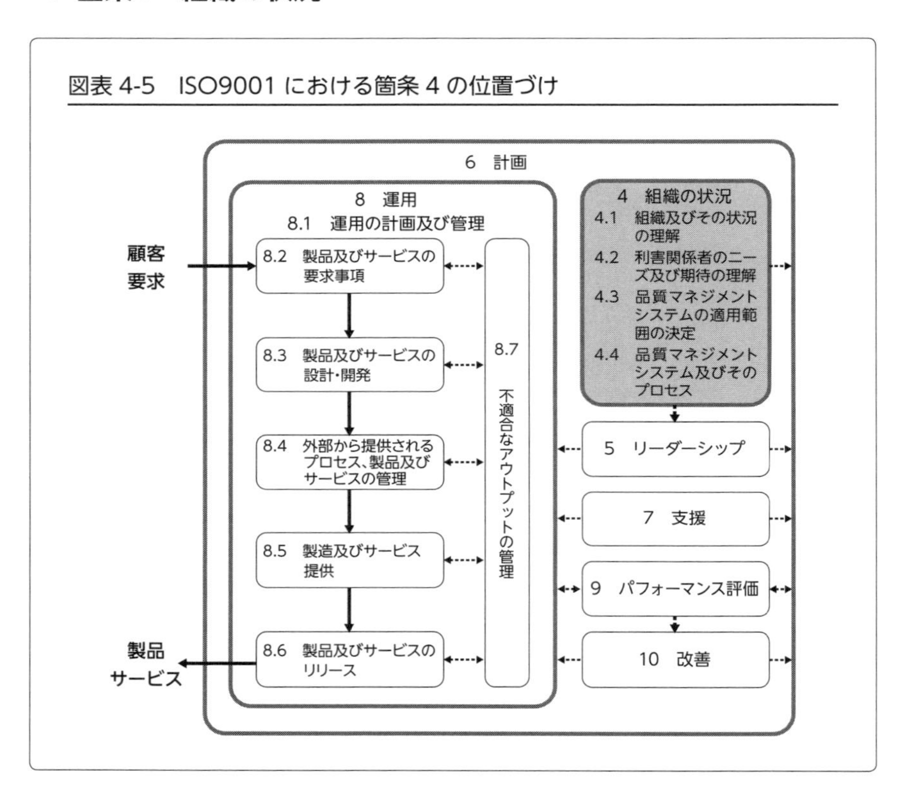

4.1　組織及びその状況の理解	
要求事項	❑組織には内部や外部において、様々な課題があるので、その課題をまず組織自身が理解し、明らかにすること。 ❑状況は変化するので、常に情報を監視すること。
対応方法	●外部の課題として、顧客の要求事項がより厳しさが増していること（オーバースペック）や内部の課題では、品質コンプライアンス違反の未然防止策の不十分さなどが一例として挙げられる。これらを全社の取組みとして品質マネジメントシステムで行うことになる。 ●中期経営計画、年度経営計画と連動させて、経営と一体化した取組みが有効となる。
実施例	●方針管理の一環として、中期経営計画、年度経営計画に品質コンプライアンスへの対応についても実施計画を策定し、展開している。 ●品質コンプライアンス教育の実施、社内点検、供給者点検、アンケート調査、ヒアリングなどの情報収集、品質マネジメントシステムの再構築について、計画的に進めている。
関連QMS文書例	●方針管理規定、中期経営計画書、年度経営計画書、部門目標達成計画書など

【運用のポイント】

組織の外部及び内部の課題については、品質コンプライアンスに関連する課題も含めて中期経営計画、年度経営計画などの事業としての経営計画に組み入れて対応していくことが大切です。経営と品質マネジメントシステムを一体化することで、より効果的になり、課題解決の実現が期待できます。品質コンプライアンスマネジメントシステムも品質マネジメントシステムと同様です。

品質コンプライアンスに関連する外部の課題には、顧客の要求事項がより厳しさが増していること（オーバースペック）などがあります。また、内部の課題では、品質コンプライアンス違反の未然防止策の不十分さなどが挙げられます。

図表 4-6　品質コンプライアンスに関連する外部・内部の課題の取組み

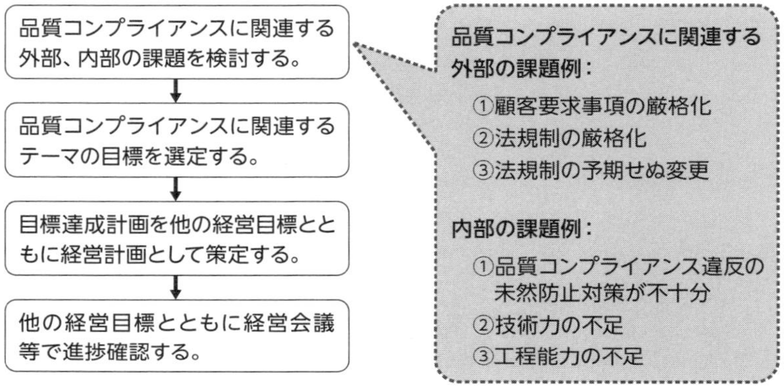

4.2　利害関係者のニーズ及び期待の理解	
要求事項	❏品質マネジメントシステムに密接に関連する利害関係者（顧客、外部提供者、従業員など）を明らかにしニーズ及び期待を明らかにしておくこと。 ❏状況は変化するので、常に情報を監視すること。
対応方法	●顧客のニーズ及び期待の中に、品質コンプライアンス遵守を含める。 ●社会のニーズ及び期待である法令・規制要求事項も含める。 ●従業員のニーズ及び期待に不正のない清らかな組織風土となることを含める。 ●外部提供者（供給者）には、オーバースペックとならないように仕組みとして取り組む。
実施例	●品質コンプライアンスに向き合っていくことを目で見てわかるようにしている。 ●品質コンプライアンス方針や品質コンプライアンス指針など、QMS文書あるいは通達文書により、経営責任者の承認を得ている。 ●利害関係者のニーズ及び期待に対して、品質コンプライアンスに関連することを抽出し、その達成のための計画を策定し、実施している。方針管理の一環として、中期経営計画、年度経営計画に落とし込んで展開している。 ●供給者の本音のニーズ及び期待に耳を傾ける仕組みをもっている。定期的な会合・ヒアリング、アンケート調査、相談窓口の設置などを行っている。
関連QMS文書例	●方針管理規定、中期経営計画書、年度経営計画書、部門目標達成計画書など ●供給者管理規定、供給者品質保証マニュアル（SQAM）など

【運用のポイント】

品質マネジメントシステムに関連する利害関係者を顧客のみならず、従業員、供給者、社会と幅広くとらえることが大切です。これらの利害関係者のニーズ及び期待を的確に把握し、それに応える仕組みにするとともに具体的な活動として展開しなければなりません。

品質コンプライアンスに関連する利害関係者のニーズ及び期待への対応についても経営課題ととらえて、中期経営計画、年度経営計画など事業としての経営計画で展開していきます。経営と品質マネジメントシステムを一体化することで、利害関係者のニーズ及び期待の実現が促進できます。

品質コンプライアンスに関連するニーズ及び期待には、顧客にとっては要求仕様を確実に満たすこと、従業員にとっては過度なプレッシャーがない健全な組織環境となっていること、供給者にとっては組織の要求事項が供給者の能力を超えた過剰なもの（オーバースペック）になっていないこと、社会にとっては法規制を確実に遵守して、社会の一員としての責任を果たしてもらうことなどがあります。

図表 4-7　品質コンプライアンスに関連する利害関係者のニーズ及び期待への取組み

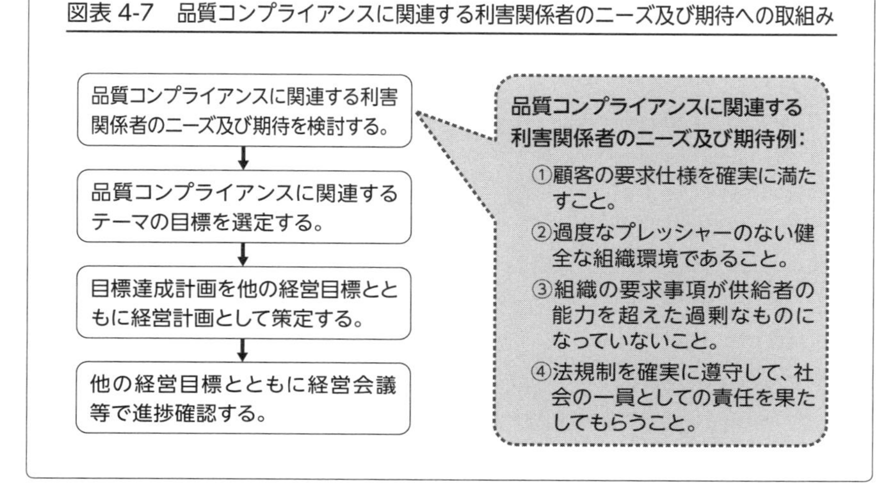

4.3　品質マネジメントシステムの適用範囲	
要求事項	❑外部や内部の課題、利害関係者のニーズ及び期待、製品及びサービスを考慮して、品質マネジメントシステムをどの範囲で整備するか決めること。 ❑品質マネジメントシステムの適用範囲を文書化すること。 ❑適用できないISO9001の要求事項については正当な理由を明らかにしておくこと。
対応方法	●品質マネジメントシステムの対象を製品品質のみととらえず、顧客や社会のニーズ・期待に応えるという広義の品質ととらえる。 ●品質コンプライアンス対応の仕組みも品質マネジメントシステムの適用範囲とする。 ●品質コンプライアンス対応を品質マネジメントシステムとは別にすることとなく一体化した活動とする。
実施例	●品質コンプライアンス教育を実施し、品質コンプライアンス対応の仕組みを品質マネジメントシステムに取り入れるために、委員会などプロジェクトチームを編成して、推進している。 ●品質保証部、TQM推進室などが品質コンプライアンスの推進と、それに対応した品質マネジメントシステムの維持・改善のための主管となり、責任に加えて、必要な権限をもっている。
関連QMS文書例	●品質マニュアル

【運用のポイント】

品質コンプライアンスに対応した品質マネジメントシステム、すなわち品質コンプライアンスマネジメントシステムにおいても、品質コンプライアンスと品質マネジメントシステム、品質コンプライアンスと経営、品質マネジメントシステムと経営との一体化が強く望まれます。

品質コンプライアンス対応については、現状、品質マネジメントシステムを統括している機能が主管して実施するのが望ましいでしょう。

図表 4-8　品質コンプライアンスマネジメントシステムの望ましい姿

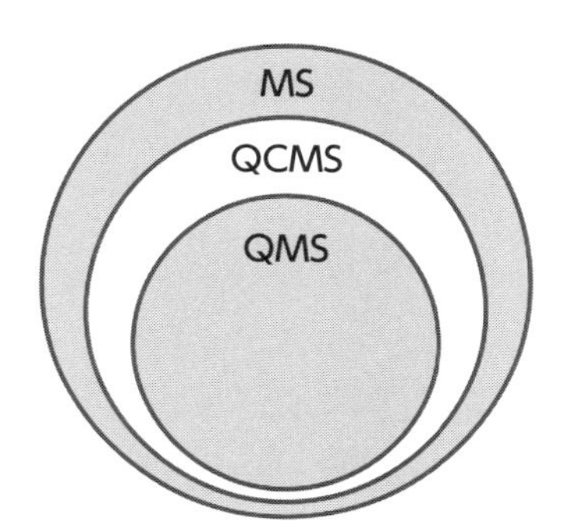

QCMS：Quality Compliance Management System
品質コンプライアンスマネジメントシステム

4.4　品質マネジメントシステム及びそのプロセス	
要求事項	❑品質マネジメントシステムを整備して、実施すること。また、必要に応じて変更し、継続的に改善すること。 ❑品質をプロセスでつくり込むという考え方に基づき、プロセスアプローチを行うこと。 ❑プロセスをうまく運用するために、必要な文書や記録を用意すること。
対応方法	●品質コンプライアンスへの対応を特定の部署だけが行うことでは効果は得られないので、すべてのプロセスにおいて、品質コンプライアンスに対応する。 ●それぞれのプロセスで、品質コンプライアンスリスクについても対応する。
実施例	●品質コンプライアンスリスクを含め、プロセスアプローチの教育を実施している。 ●プロセスの目分析を実施している。 ●プロセスにおける品質コンプライアンスリスクアセスメントを実施している。 ●リスクの目分析を実施している。 ●分析結果を可視化し、QMS文書とし、関係者に認識させている。
関連QMS文書例	●品質マニュアル、品質保証体系図、プロセスフローチャート、プロセスの目・リスクの目分析シートなど

【運用のポイント】

良い結果を出すためにプロセスに焦点を当てて運営管理していくプロセスアプローチは、品質マネジメントシステムの基本となる考え方で、全組織的に取り組むことが大切です。また、目で見てわかるようにすることで、PDCA を回すことが容易になり、改善を促進します。これには、第 2 部第 5 章で解説する「プロセスの目分析」と「リスクの目分析」を上手に活用することが有効です（137 ページ参照）。

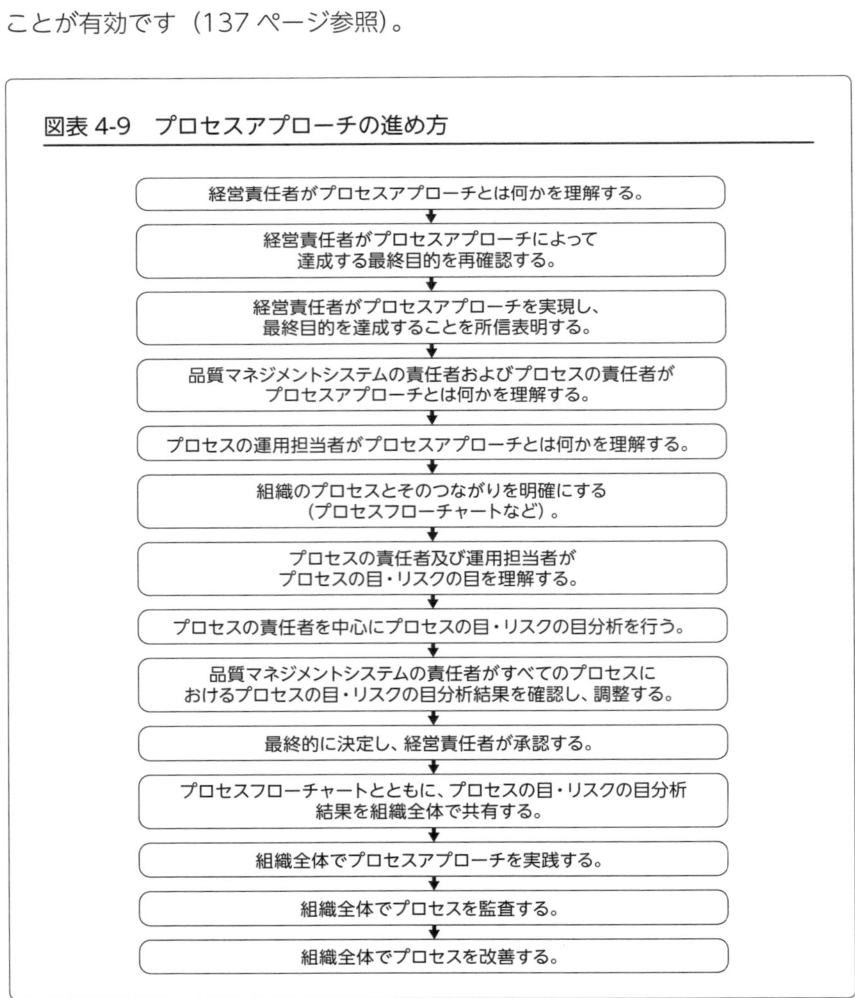

図表 4-9　プロセスアプローチの進め方

◆ 箇条5　リーダーシップ

図表 4-10　ISO9001 における箇条 5 の位置づけ

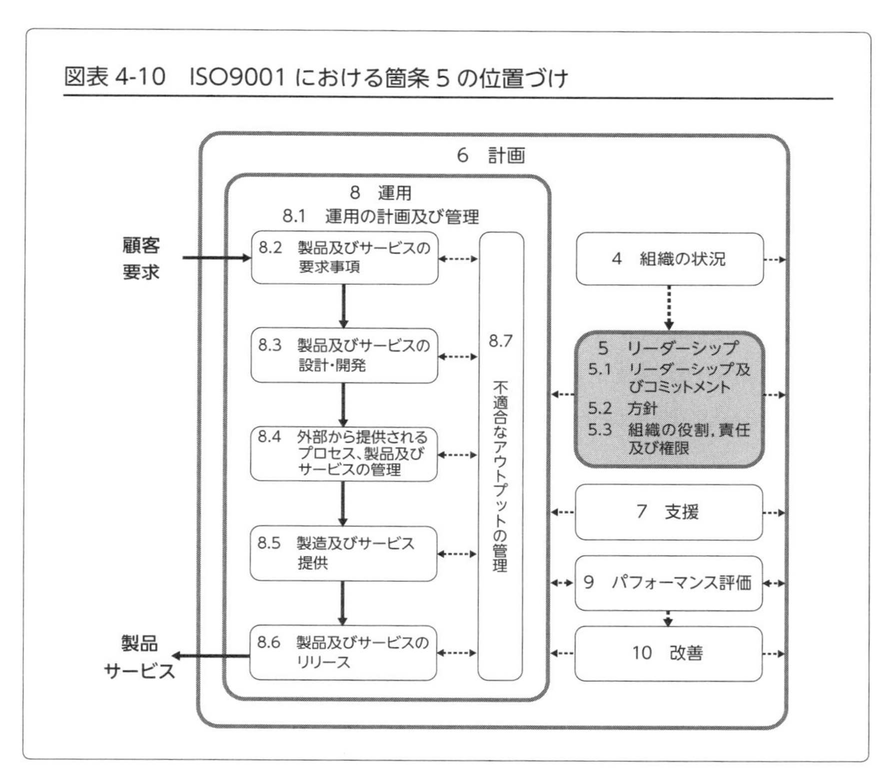

5.1　リーダーシップ及びコミットメント	
要求事項	❑経営責任者は、品質マネジメントシステムや顧客重視に関してリーダーシップを発揮し、品質マネジメントシステムの目的を果たすこと。
対応方法	●経営責任者が品質コンプライアンス重視の姿勢を示すことから始める。 ●経営責任者は、問題が起きてから対応するのではなく、品質コンプライアンスの問題が潜在していることを前提と考える。 ●経営責任者は、売上や利益よりも品質コンプライアンスが優先されることを認識する。
実施例	●経営責任者が品質コンプライアンス遵守を宣言している。 ●経営責任者が品質コンプライアンス遵守宣言を公表している。 ●経営責任者が全従業員に向けて、品質コンプライアンス遵守宣言についてメッセージを送っている。
関連QMS文書例	●経営理念、経営方針、方針管理規定

【運用のポイント】

経営責任者自身が品質コンプライアンス遵守を宣言し、組織内に展開することから始めます。このとき、全従業員に送るメッセージは、組織全体の会議などで直接口頭で伝えるほか、文書や動画などでも伝えます。

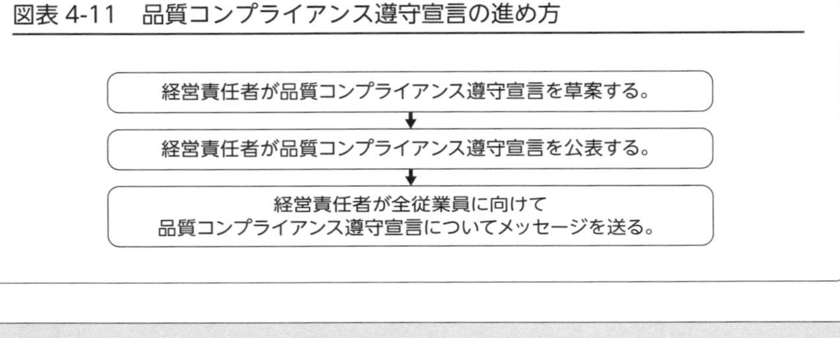

図表 4-11　品質コンプライアンス遵守宣言の進め方

5.2　方針	
要求事項	❏経営責任者は、品質に関して経営の方向性を示した品質方針を打ち出し、組織内に展開すること。
対応方法	●経営責任者は、品質コンプライアンスを遵守するという方針を明確にし、組織内に伝達する。 ●経営責任者は、品質コンプライアンス遵守が売上、利益よりも優先されることを方針に明確にし、伝達する。 ●経営責任者は、方針が達成されているか、遵守されているかに最大の関心をもつ。
実施例	●品質コンプライアンス方針を策定している。または、品質方針に品質コンプライアンス遵守を含めている。 ●品質コンプライアンス方針について、ポスター、カードなどで、いつでも従業員が目にすることができるようにしている。 ●品質コンプライアンス方針を浸透させるために、質問、アンケート、会議などでの継続した伝達、eラーニングなどで展開している。
関連QMS文書例	●品質コンプライアンス方針又は品質方針（品質コンプライアンス遵守含む）、方針管理規定

【運用のポイント】

経営責任者は、品質コンプライアンス遵守宣言とともに品質コンプライアンス方針を策定し、展開します。品質コンプライアンス方針には、以下について対応することが必要です。

a）品質コンプライアンス遵守のコミットメントを含む。

b）品質コンプライアンスマネジメントシステムの継続的改善へのコミットメントを含む。

a）の品質コンプライアンス遵守のコミットメントは、品質コンプライアンス遵守宣言の内容を永続させていくことを約束することです。

b）は、品質コンプライアンス遵守をただ単に宣言するだけではなく、品質コンプライアンスマネジメントシステムを構築し、仕組みとして取り組み、それを継続的に改善していくことを約束することです。

図表 4-12　品質コンプライアンス方針の展開方法

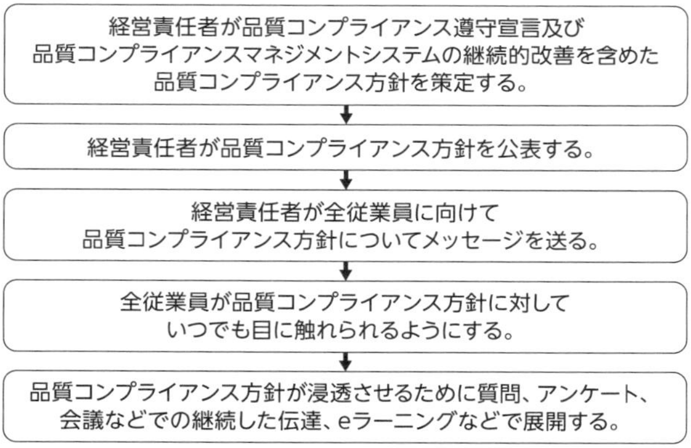

経営責任者が品質コンプライアンス遵守宣言及び
品質コンプライアンスマネジメントシステムの継続的改善を含めた
品質コンプライアンス方針を策定する。

↓

経営責任者が品質コンプライアンス方針を公表する。

↓

経営責任者が全従業員に向けて
品質コンプライアンス方針についてメッセージを送る。

↓

全従業員が品質コンプライアンス方針に対して
いつでも目に触れられるようにする。

↓

品質コンプライアンス方針が浸透させるために質問、アンケート、
会議などでの継続した伝達、eラーニングなどで展開する。

5.3　組織の役割、責任及び権限	
要求事項	❑経営責任者は、それぞれの役割に対し、責任及び権限を割り当てて組織内に伝達し、周知させること。
対応方法	●各部門、機能、プロセスの責任者の品質コンプライアンス対応の責任及び権限を明確にする。 ●労働安全とともに品質コンプライアンスの遵守を重視し、達成度、遵守度を評価する仕組みをもつ。 ●他の誰かが、他の部門がやってくれているという認識を改める。 ●品質保証部門など正しく検査を実施することが役割で、正しい合否判定をすべき部門については、製造部門、開発部門などから独立した立場であること。
実施例	●品質コンプライアンス遵守を責任権限規定に追加している。 ●経営層から品質コンプライアンス管理責任者を任命している。 ●品質コンプライアンス管理責任者を中心とした品質コンプライアンス委員会を設定している。 ●品質コンプライアンス遵守の管理について管理者の責任権限規定に追加している。 ●品質コンプライアンス遵守を評価する役割を業務分掌規定、責任権限規定に明確にしている。 ●達成度、遵守度について、点検やパトロールの実施などのプロセスで評価している。 ●品質コンプライアンス点検計画を策定し、計画にしたがって実施している。 ●品質保証部門を現業部門（開発、購買、製造部門）から独立させ、経営責任者直轄としている。
関連QMS文書例	●責任権限規定、業務分掌規定、組織規定、品質コンプライアンス点検計画

【運用のポイント】

品質コンプライアンスを進めるにも体制整備が欠かせません。品質コンプライアンスを推進する経営責任者の代理人として、品質コンプライアンス管理責任者を任命します。品質コンプライアンス管理責任者には、以下の責任及び権限を付与します。

a）組織の品質コンプライアンスマネジメントシステムが、品質コンプライアンスマネジメントシステム要求事項に適合することを確実にする。

b）品質コンプライアンスマネジメントシステムのパフォーマンス及び改善の機会を特に経営責任者に報告する。

c）組織全体にわたって、品質コンプライアンス遵守を促進することを確実にする。

d) 品質コンプライアンスマネジメントシステムへの変更を計画し、実施する場合には、品質コンプライアンスマネジメントシステムを「完全に整っている状態」を維持することを確実にする。

さらに品質コンプライアンス管理責任者を中心として、品質コンプライアンス委員会を設置します。委員は、各部門から選出し、組織横断的な委員会とします。

図表 4-13　品質コンプライアンス推進体制

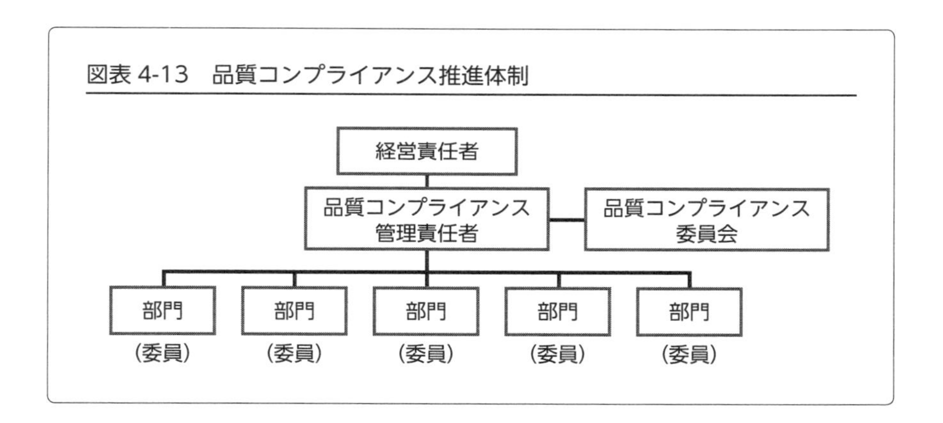

◆ 箇条6　計画

図表 4-14　ISO9001における箇条6の位置づけ

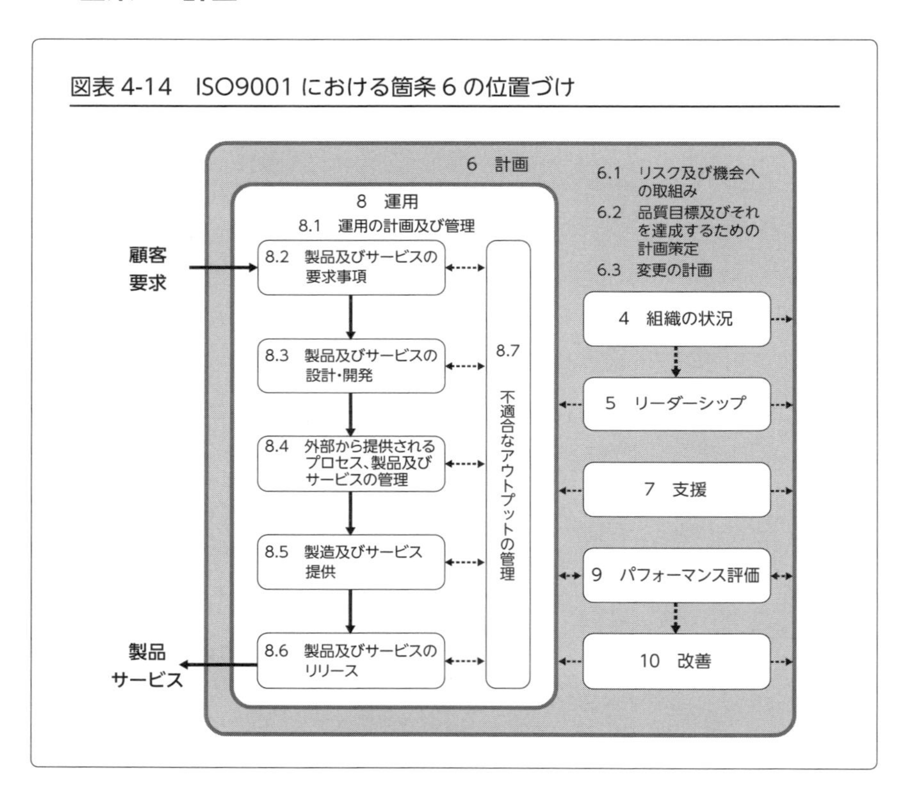

6.1　リスク及び機会への取組み	
要求事項	❏リスク及び機会を検討し、決めること。 ❏リスク及び機会に計画立てて取り組むこと。
対応方法	●品質コンプライアンスに対するリスクを明確にし、取り組む。 ●品質コンプライアンス遵守による機会を明確にし、取り組む。
実施例	●経営として品質コンプライアンスに対するリスク及び機会を考えている。 ●方針管理の一環として、中期経営計画、年度経営計画に品質コンプライアンスに対するリスク及び機会を明確にし、取り組んでいる。 ●あくまでも経営の視点に基づき、リスク及び機会を明確にしている。 ●経営としての品質コンプライアンスリスクに、「顧客の信用失墜による売上、利益の減少」「法令・規制要求事項の未遵守による社会的評価の失墜による事業継続困難」を特定している。 ●経営としての品質コンプライアンス機会に、「顧客の信頼度の増加」「社会から認められることによる安定した事業継続」を特定している。
関連QMS文書例	●方針管理規定、中期経営計画書、年度経営計画書、部門目標達成計画書など

【運用のポイント】

ここでのリスク及び機会は、各プロセスというよりも全組織的なものを対象とします。全組織的なリスク及び機会への取組みとなりますので、経営目標として設定し、経営計画として取り組んでいくことが有効です。

図表 4-15　品質コンプライアンスに関連するリスク及び機会の取組み

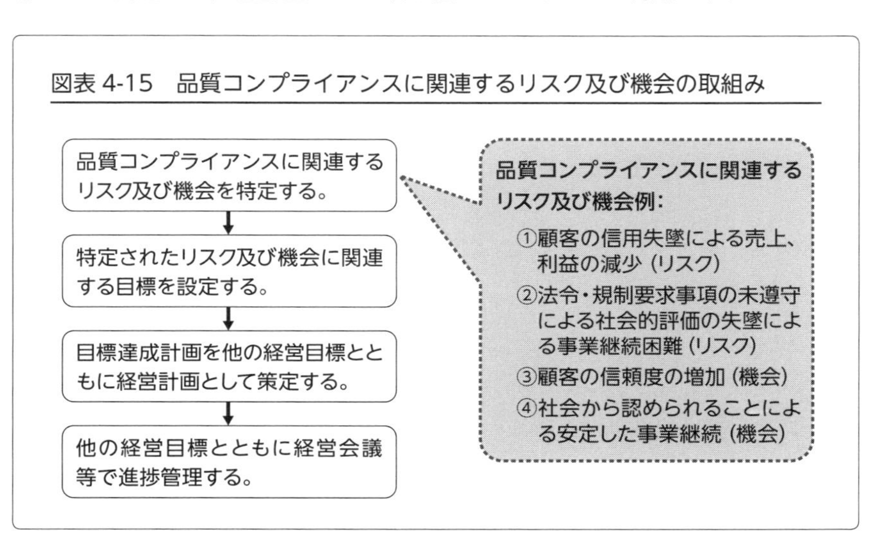

【ISO14001】6.1.2　環境側面	
要求事項	❑環境側面（リスク源）及びそれに伴う環境影響（リスク）を決定すること。 ❑著しい環境側面（重大な環境側面）を決定すること。
対応方法	●各プロセスにおいて、品質コンプライアンスのリスク源を特定し、その影響であるリスクを決定する。 ●優先度を評価し、重大なリスク源（管理すべきリスク源）を決定する。
実施例	●品質コンプライアンスのリスク源を抽出している。 ●内部への影響（組織内部でのリスク）、外部への影響（組織外部でのリスク）を決定し、重大性と可能性で優先度を評価している。 ●優先度の高いリスク源を決定し、目標展開、運用管理、監視測定などの対応方法を決定している。
関連QMS文書例	●品質コンプライアンスリスクアセスメント規定、品質コンプライアンスリスクアセスメントシート、部門目標達成計画書、各プロセスにおける手順書など

【運用のポイント】

品質コンプライアンスに関連するリスク源を抽出し、優先度を評価し、重大なリスク源を決定します。**管理すべき重大なリスク源に対しては、目標展開、運用管理、監視測定などを行います。**

目標展開とは経営目標のテーマにして経営計画として取り組むこと、運用管理とはプロセスの運用管理方法を定め適用すること（手順書の運用など）、監視測定とはリスク源の状況を常にモニタリングすることです。

品質コンプライアンスリスクアセスメントについては、第2部第6章で詳細を説明します（152ページ参照）。

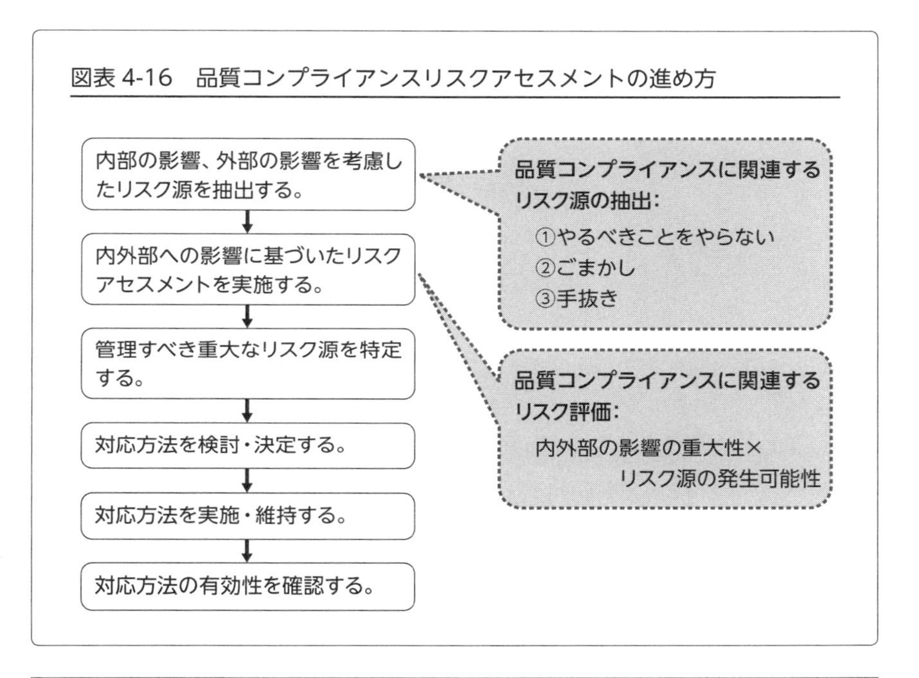

【ISO14001】6.1.3　順守義務	
要求事項	❑組織の環境側面に関する法規制などの順守義務を決定し、参照すること。 ❑これらの順守義務を組織にどのように適用するかを決定すること。 ❑環境マネジメントシステムを確立し、実施し、維持し、継続的に改善するときに、これらの順守義務を考慮に入れること。
対応方法	●製品及びリスク源に関連する守るべき法規制にはどのようなものがあるか、法規制に変更があった場合、誰がどのように関連する情報を収集・確認し、組織内に展開するかを決める。 ●それらの法規制を組織内のどのプロセスあるいは部門がどのように遵守していくのかを決める。 ●守るべき法規制をつねに考慮して、仕組みを変えていく。
実施例	●製品に関連する法規制を常に監視する責任と権限をもつ部門を設置している。 ●最新の法規制の状況を具体的にどのように監視・調査するのかを規定している。 ●関係プロセス及び部門への情報展開方法を規定及び実施している。
関連QMS文書例	●法規制監視規定、法規制情報伝達規定、法規制一覧表など

注）JIS Q 14001:2015では法規制などを守ることを「順守」と表現しているが、品質コンプライアンス対応においては「遵守」と表現する。どちらも意味は同じである。

【運用のポイント】

製品に関連する法規制の情報を収集する仕組みが必要で、誰がいつどのように情報を収集し、遵守すべき事項をどのように特定し、組織内にどのように展開するのかを決めなければなりません。

特に製品を輸出する事業では、輸出先国の法規制の把握は容易ではないので、専門家を育成または採用することが望まれます。

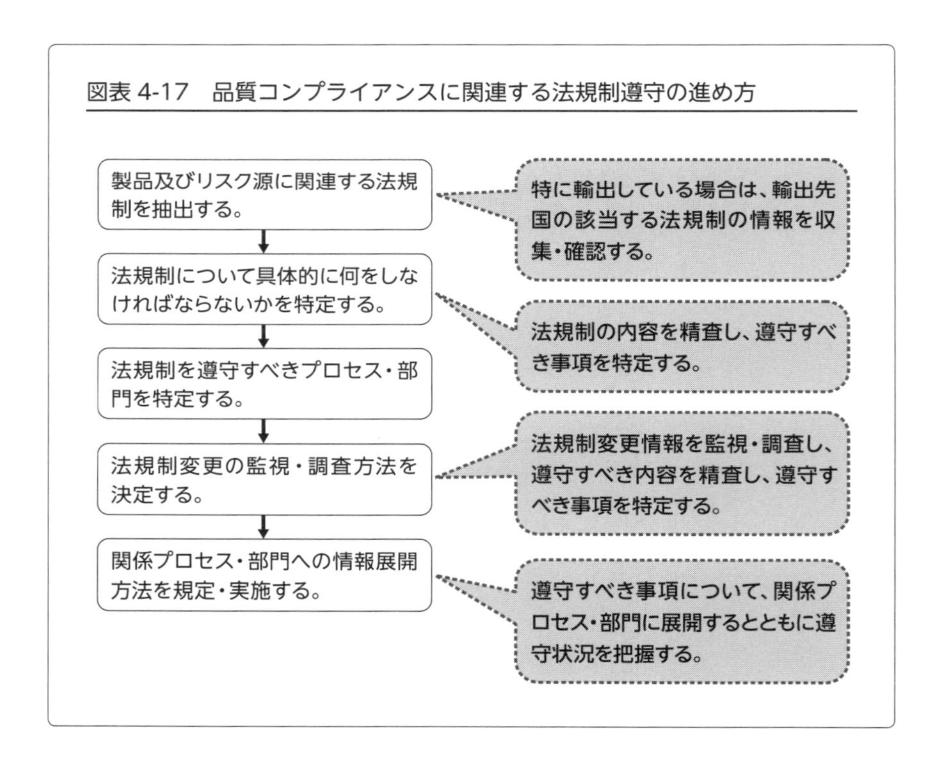

【ISO14001】6.1.4　取組みの計画策定	
要求事項	❑組織は、著しい環境側面、遵守義務、特定したリスク及び機会への取組みについて計画を策定すること。 ❑プロセス又は他の事業プロセスへの統合及び実施をすること。 ❑その取組みの有効性を評価すること。
対応方法	●管理すべき重大なリスク源について、どのように取組むのかを決める。 ●各プロセスでどのように取り組んでいくのかを決める。事業プロセスと一体となって取り組む。 ●取組みが効果的なのかどうかを確認する。
実施例	●管理すべき重大なリスク源については、目標展開、運用管理、監視測定のうち、何を実施するのかを決めている。 ●各プロセスで適用される法規制を明確にしたうえで、リスク源との関連を明確にし、評価している。
関連QMS文書例	●品質コンプライアンスリスクアセスメント規定、品質コンプライアンスリスクアセスメントシート、部門目標達成計画書、各プロセスにおける手順書など

【運用のポイント】

品質コンプライアンスに関連する管理すべき重大なリスク源を決定できたら、そのリスク源の対応方法を決定します。

リスク源への対応は、それぞれのプロセスで実施します。その取組みが有効かどうかについても確認します。

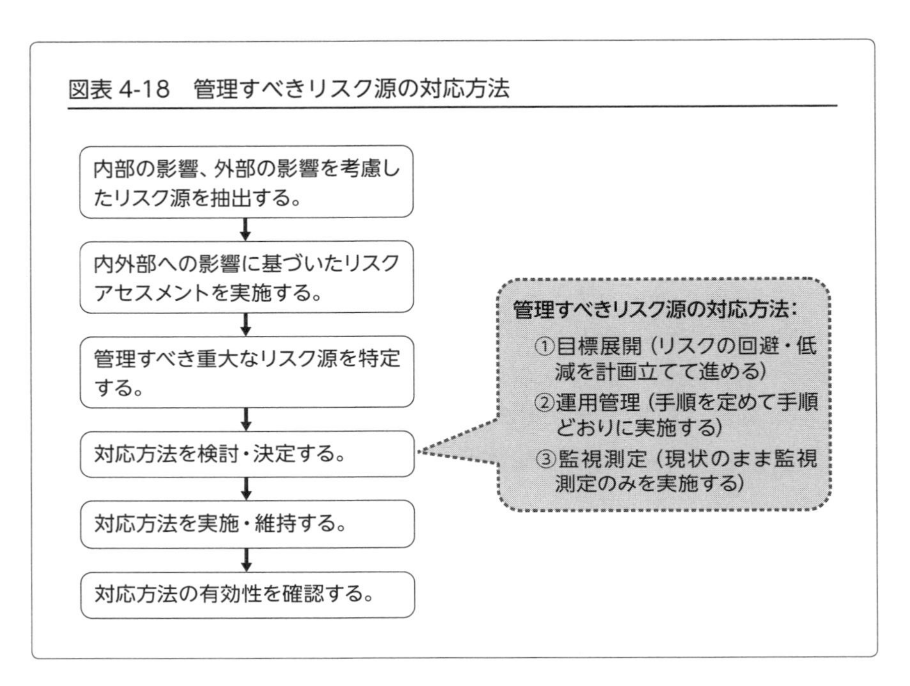

6.2　品質目標及びそれを達成するための計画策定	
要求事項	❏部門、階層、プロセスなど適切な範囲で品質方針から展開した品質目標をもつこと。 ❏品質目標達成のために具体的な計画を策定すること。
対応方法	●品質コンプライアンス方針から展開した品質目標を設定する。 ●品質コンプライアンスリスクアセスメントにより、目標展開を決定した管理すべきリスク源に関連する目標を設定し、達成計画を策定する。 ●現状の品質目標達成計画に盛り込む。
実施例	●品質コンプライアンス方針から中期経営計画、年度経営計画に展開し、部門目標達成計画にまで落とし込んでいる。 ●各部門、プロセスにおける管理すべきリスク源のうち、目標展開すると決定したものについて、目標を設定している。 ●目標達成のための具体的な実施計画を策定している。 ●現状使用している目標達成計画書を活用している。
関連QMS文書例	●方針管理規定、中期経営計画書、年度経営計画書、部門目標達成計画書など

【運用のポイント】

品質コンプライアンスリスクアセスメントによって決定された管理すべきリスク源のうち、目標展開すると決定したものについては、具体的に達成目標を設定し、目標達成計画を策定します。管理すべきリスク源から導かれた目標についても、経営計画の一環として活動します。

図表 4-19　目標展開の望ましい姿

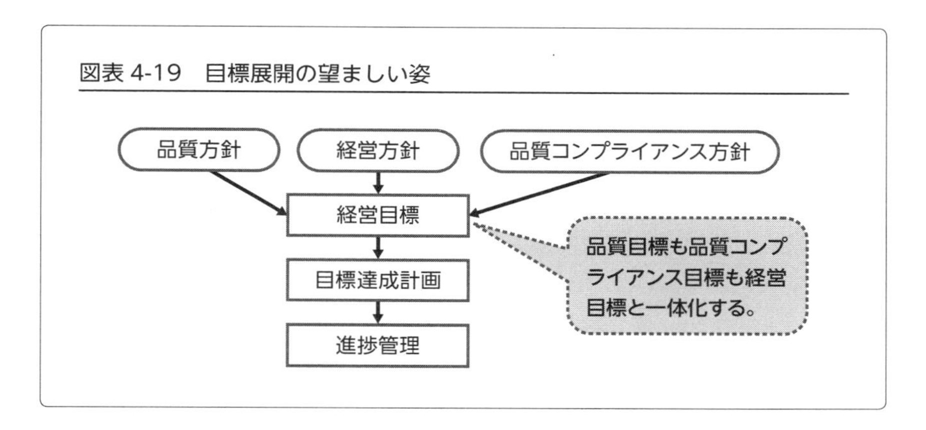

6.3　変更の計画	
要求事項	❏品質マネジメントシステムの変更が必要になった場合は、計画的に行うこと。
対応方法	●人事異動、組織変更などの変化点で以前の品質コンプライアンスへの対応について調査・確認する仕組みをもつ。 ●変更管理の管理項目に品質コンプライアンス遵守を含める。
実施例	●定年退職、人事異動、組織変更などの変更時に、従前の品質コンプライアンス遵守状況を評価する手順を決めている。 ●変更に関連する手順書を作成し、変更管理について規定している。
関連QMS文書例	●組織変更管理規定、業務引継規定、業務引継チェックリストなど

【運用のポイント】

定年退職、人事異動、組織変更などで、従前の不正が異動後に発覚することが多いので、定期的な異動とともに、品質コンプライアンス遵守状況を評価することで、不正の発見のみならず不正の抑止力となります。

図表 4-20　品質コンプライアンス遵守状況の評価

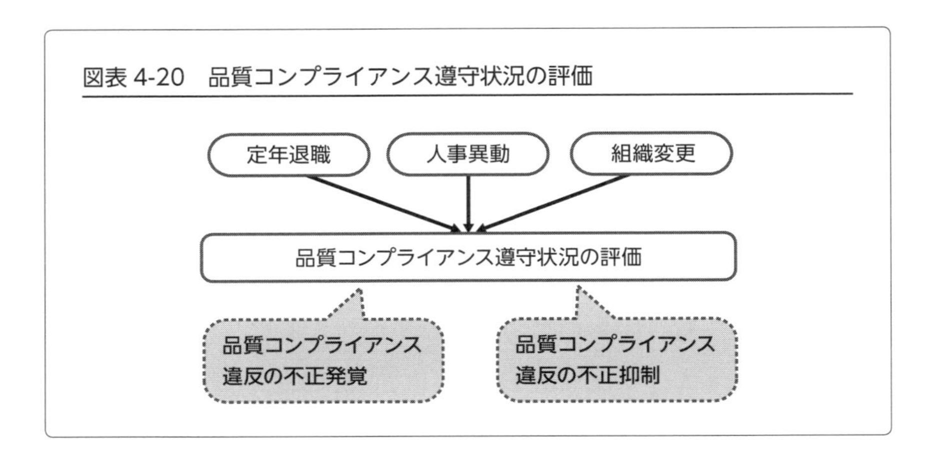

◆ 箇条7　支援

図表 4-21　ISO9001 における箇条 7 の位置づけ

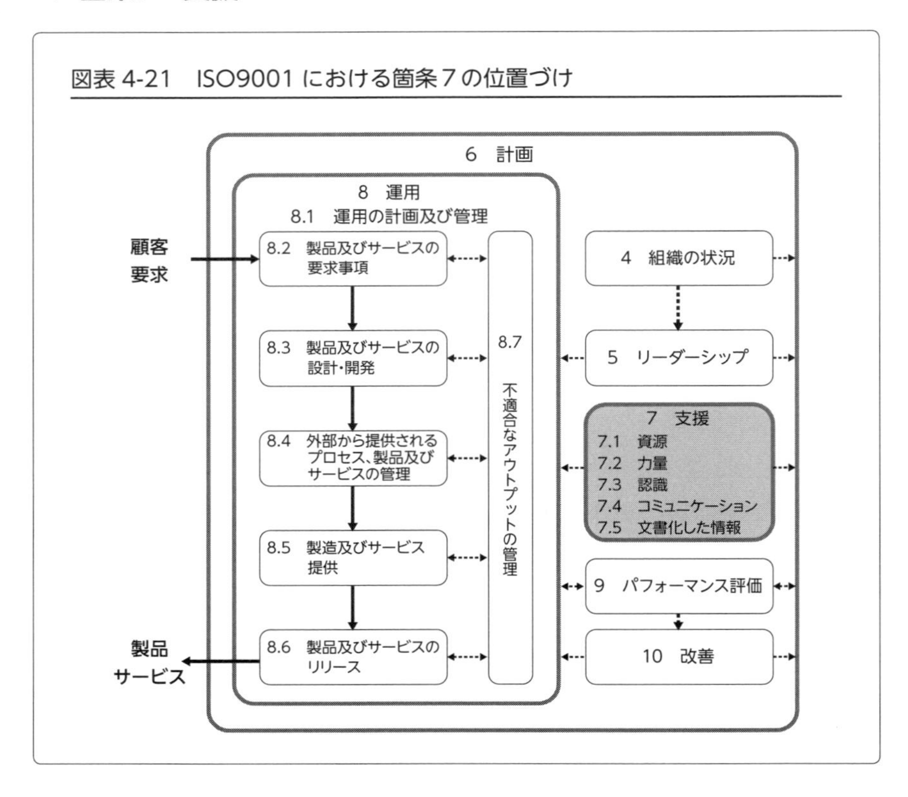

7.1　資源	
要求事項	❑品質マネジメントシステムをうまく運用するために必要な人、建物や設備など（インフラストラクチャ）、仕事場の環境、監視測定に用いられる資源を適切に提供し、維持すること。 ❑プロセスをうまく運用するために必要な知識を決めて、利用できるようにしておくこと。また、必要な知識を追加・更新し、習得すること。
対応方法	●物理的側面だけでなく、品質コンプライアンスが遵守できるような職場環境づくりを目指す。 ●設備、試験装置など、いつもと違う何かを感じたら、それを表に出して、コミュニケーションをとる。
実施例	●適正な人員を提供し、機械化など適切な投資を行い、人員不足がないようにしている。 ●品質コンプライアンス違反を防止するシステムを導入している。 ●必要に応じて、監視カメラなどの監視機器を導入し、維持している。 ●品質コンプライアンス遵守に関連するノウハウを蓄積し、活用できるようにしている。品質コンプライアンス違反事例集などを作成・維持し、教育に活用している。
関連QMS文書例	●測定機器管理規定、品質コンプライアンス投資計画書、品質コンプライアンス違反事例集など

【運用のポイント】

経営責任者は、品質コンプライアンス維持のために適切で妥当な経営資源を投入しなければなりません。オーバーローコストオペレーションとならないためにも適正な人員、適正な職場環境、適正なインフラストラクチャ（施設、設備など）が必要なのです。

そのためにも売上、利益だけに関心を寄せるのではなく、現場の状況を確実に把握することが求められます。

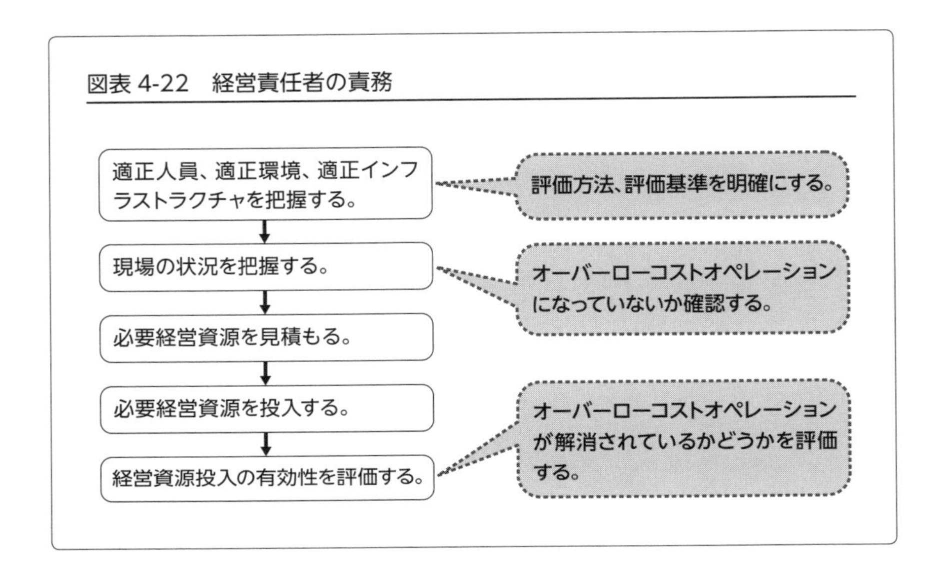

7.2　力量	
要求事項	❏仕事に必要な力量（知識や技能）を決定し、力量があると確認したうえで仕事をさせること。 ❏力量が足りなければ、力量を身につけさせること。 ❏力量の証拠を記録として残すこと。
対応方法	●管理者においては、品質コンプライアンス遵守評価についても力量を設定する。 ●力量のない要員が担当できないように物理的、人的仕組みをもつ。 ●品質コンプライアンスマネジメントシステム監査、製品監査の力量を設定する。
実施例	●管理者の責任として、品質コンプライアンスの遵守についても力量を設定している。 ●検査等で力量のある要員、資格認定者のみが担当できるように指紋認証や顔認証のシステムを導入している。ダブルチェックなどの歯止めをかけている。
関連QMS文書例	●資格認定基準、力量評価基準、教育管理規定など

【運用のポイント】

品質コンプライアンスマネジメントシステムでは、品質コンプライアンス遵守評価、品質コンプライアンスマネジメントシステム監査、製品監査の力量が求められます。

また、力量をもった要員を任命し、力量のない要員が担当できないような物理的仕組み（バーコード認証、指紋認証、顔認証など）や人的な仕組み（管理者のチェック、ダブルチェック、パトロールなど）が必要です。

図表 4-23　品質コンプライアンスに関連する要員に必要な要件

人的仕組み
（管理者によるチェック、ダブルチェックなど）

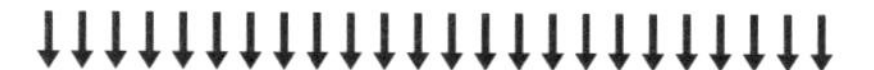

品質コンプライアンスに関連する要員

↑↑↑↑↑↑↑↑↑↑↑↑↑↑↑↑↑↑↑↑↑↑↑↑

物理的仕組み
（バーコード認証、指紋認証、顔認証など）

7.3　認識	
要求事項	❑品質方針、品質目標を認識させること。 ❑より良い品質マネジメントシステムとなるために自分がどのように貢献できるかを認識させること。 ❑品質マネジメントシステムの取り決めどおりに行動しないとどのようなことが起きてしまうのかを認識させること。
対応方法	●品質コンプライアンス遵守が最重要であることを認識させる。 ●品質コンプライアンス方針、倫理綱領などを認識させる。
実施例	●品質コンプライアンス方針が、ポスター、カードなど目で見てわかるようにしている。 ●品質コンプライアンスに関する勉強会を開催し、従業員同士でディスカッションを行っている。
関連QMS文書例	●品質コンプライアンス方針、教育訓練規定

【運用のポイント】

品質コンプライアンス方針、倫理綱領などを認識させることが求められます。労働環境が安全であるとともに、品質コンプライアンス遵守が重要であることを認識させなければなりません。

それには、ポスター、カードなどを使って目で見るかたちのものがあるとわかりやすいでしょう。そうしたツールで周知させ、勉強会やディスカッションなどで浸透させます。

図表 4-24　品質コンプライアンスに関連する認識

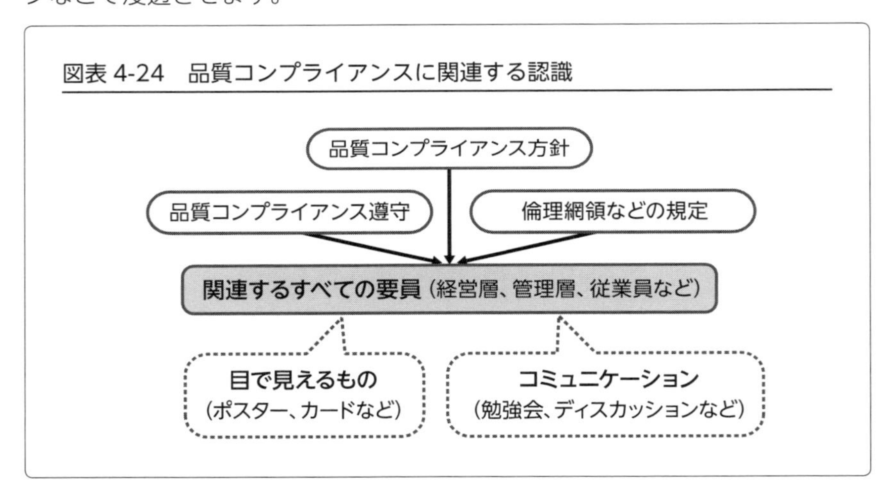

7.4　コミュニケーション	
要求事項	❏内部及び外部とのコミュニケーションをうまくとること。 ❏どのようにコミュニケーションをとればよいのかを決めること。
対応方法	●品質コンプライアンス遵守に関する情報が経営層に伝達できるようなコミュニケーションの仕組みをもつ。特に有効な内部通報制度となるよう考慮すること。 ●品質コンプライアンス遵守に関する情報が提供されても、提供者に不利にならないように仕組みを整備する。 ●不正ではないのに、不正と誤解し、誤った情報が拡散するケースもあるので注意する。 ●いつもと違う何か、違和感に敏感になること。「止める」「呼ぶ」「待つ」を徹底する。
実施例	●品質コンプライアンス委員会により、品質コンプライアンス対応の仕組みが適切で妥当であるか、定期的に評価している。 ●品質コンプライアンス対応への取組みについて、経営会議等で、経営層に伝達している。 ●内部通報制度について、定期的に見直しをする仕組みをもっている。シミュレーションなどにより、有効性を確認している。 ●経営層もしくは品質コンプライアンス管理責任者と従業員とのコミュニケーションの場を設け、現場の生の声を聞き取っている。 ●意図していない不正を防ぐために、「止める」「呼ぶ」「待つ」を徹底している。製品品質だけでなく、品質コンプライアンス対応にも有効であることを伝達している。
関連QMS文書例	●品質コンプライアンス規定、コミュニケーション規定、内部通報規定など

【運用のポイント】

品質コンプライアンス対応においても、コミュニケーションは重要です。品質コンプライアンス委員会を立ち上げ、組織横断的な取組みにより、全組織における有効なコミュニケーションが期待できます。品質コンプライアンス対応への取組み、品質コンプライアンスマネジメントシステムの実施状況について、経営層に報告するための会議を設けるなどのコミュニケーション方法を設定することが望まれます。

さらに、現場の声を聞く仕組みを設けることは大切です。現状の内部通報制度を有効なものとなるように定期的に見直しすることも必要です。

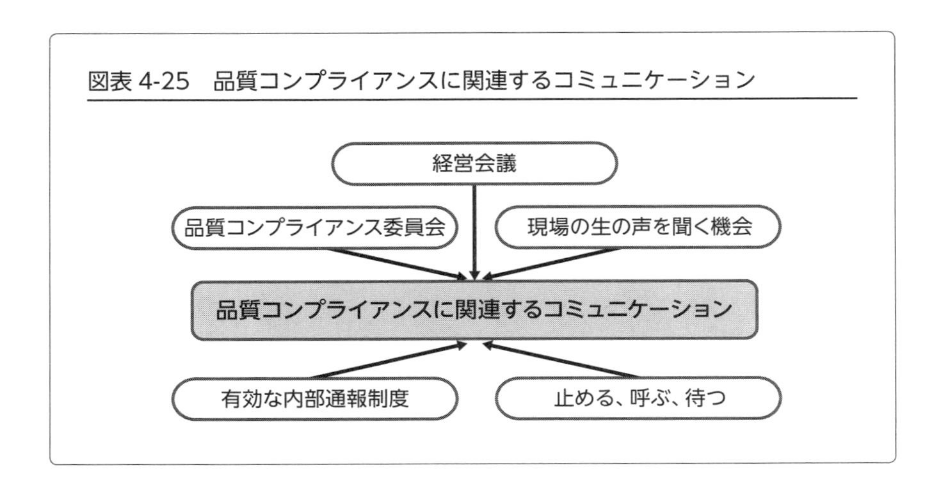

図表 4-25　品質コンプライアンスに関連するコミュニケーション

7.5　文書化した情報	
要求事項	❑品質マネジメントシステムをうまく運用するために必要な文書化した情報（文書や記録のこと）を決めておくこと。 ❑文書の作成・更新を間違いなく確実に行うこと。 ❑文書を確実に利用できるように管理すること。
対応方法	●品質コンプライアンス対応のルール、手順を明確にし、文書化する。 ●手順には、内部通報、遵守誓約、罰則、遵守評価などを含む。
実施例	●品質コンプライアンス委員会により、品質コンプライアンス違反防止に関連する文書及び記録が適切で妥当かどうかを評価している。
関連QMS文書例	●文書管理規定、記録管理規定、内部通報規定、品質コンプライアンス規定など

【運用のポイント】

品質コンプライアンス対応のルール、手順を規定し、手順書に明確にすることが望まれます。手順書には、内部通報、遵守誓約、懲戒手続きを含む罰則、リスクアセスメント、遵守評価、不正への準備対応などを含みます。

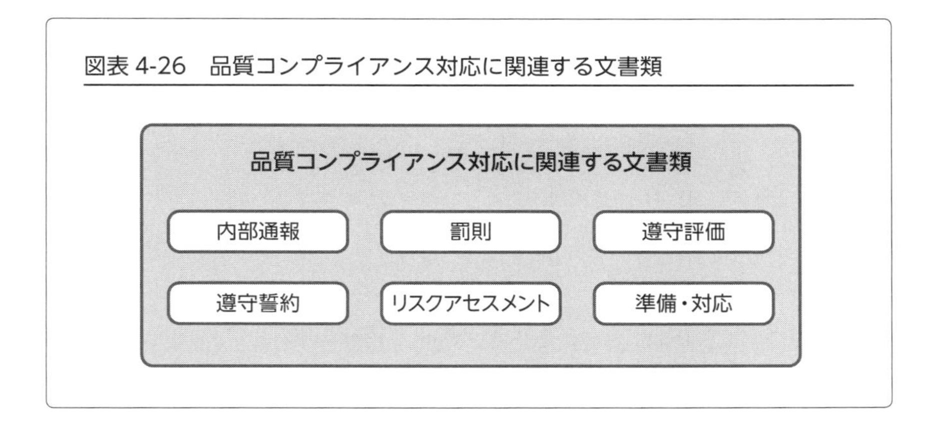

図表 4-26　品質コンプライアンス対応に関連する文書類

♦ 箇条8　運用

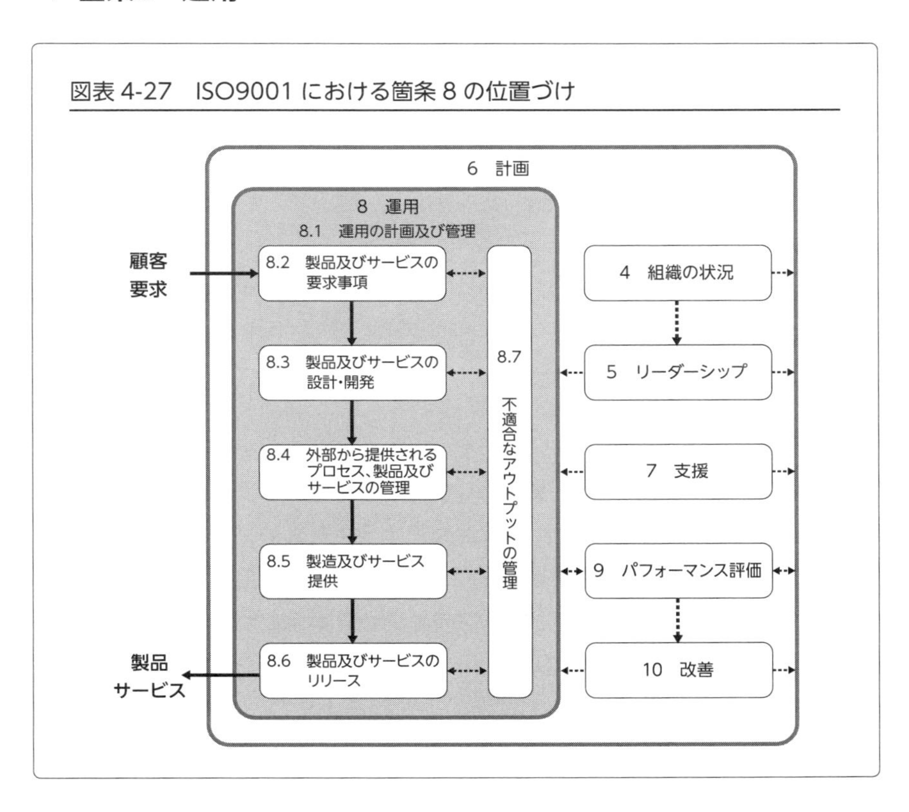

図表 4-27　ISO9001 における箇条 8 の位置づけ

8.1　運用の計画及び管理	
要求事項	❏製品及びサービス提供に関する要求事項を満たすため、リスク及び機会と品質目標達成のための取組みに必要なプロセスを計画し、実施し、管理すること。 ❏製品及びサービスに関する要求事項を明確にすること。 ❏プロセスがうまく運営されているかどうかの基準や製品及びサービスの合否判定基準を設定し、プロセスを管理すること。 ❏製品及びサービスの要求事項に適合させるために必要な資源を明確にすること。 ❏必要と判断した文書や記録を準備すること。 ❏変更があれば計画的に行い、計画外の変更があれば、その結果を確認して、必要ならば処置をすること。
対応方法	●品質データなどを組織横断的に共有できる仕組みをもつ。 ●品質データの改ざんができないような物理的、人的工夫をする。 ●運用プロセスのどこで品質コンプライアンス上の問題が発生するのかを評価し、リスク対応する。 ●人は不正を働くという前提で、運用プロセスの設計を行う。
実施例	●社内ネットワーク、情報管理システムにより、品質データを共有し、相互監視している。 ●品質データの改ざんができないシステムを導入している。権限を与えられた者だけがアクセスでき、記録できるようにしている。 ●製品実現のフローにおいて、各プロセスで品質コンプライアンスリスクに対するリスクアセスメントを行っている。 ●各プロセスでリスクアセスメント結果に基づき、リスクに対する運用方法を決定している（リスクアプローチを含むプロセスアプローチの実践）。
関連QMS文書例	●製品実現管理規定、品質計画書、プロセスフローチャート、品質コンプライアンスリスクアセスメント規定、プロセスの目・リスクの目分析シートなど

【運用のポイント】

より良い製品・サービスを提供するために、前もって何をすべきかを決めなければなりません。顧客の要求事項を受け止めてから、製品・サービスを提供するための直接的な仕事の流れを取り決めます。**製品実現のフローにおける各プロセスにおいて、品質コンプライアンス対応について考慮する**ことが重要で、品質コンプライアンスリスクアセスメントを行って、リスクに対する運用方法を決定し、リスクアプローチを含むプロセスアプローチを実践します。

図表 4-28　製品実現フローにおける品質コンプライアンス対応

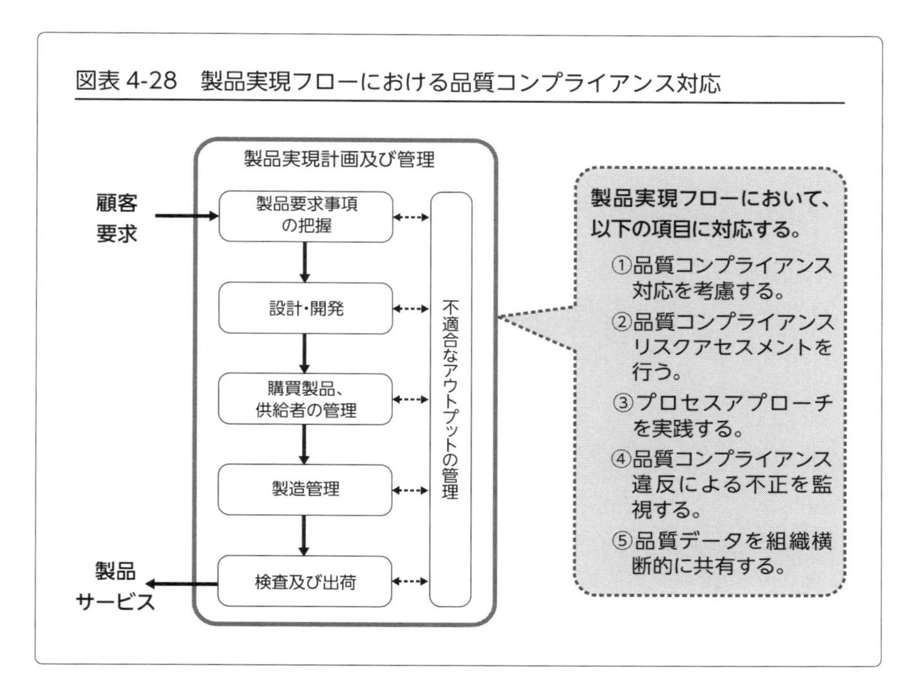

8.2　製品及びサービスに関する要求事項	
要求事項	❑顧客とのコミュニケーションをうまくとること。 ❑適用される法規制や製品及びサービスが満たすべきことなどの必要と見なした要求事項を定めておくこと。 ❑製品及びサービスに関して実現できると主張したことは満たせること。 ❑製品及びサービスに関する要求事項が適切で十分かどうか製造及びサービス提供に先駆けて確認すること。
対応方法	●技術的、経済的に実現できるかどうか、顧客要求事項を確実に評価する。 ●実現できない顧客要求事項を決して受け入れない。 ●製造実現性の評価を確実に行う。
実施例	●初期のデザインレビューで、製造実現性を組織横断的に検討する仕組みを構築している。 ●初期のデザインレビューには、経営責任者、経営層が参加し、必要な経営資源の投入に関して判断している。 ●受注することによるリスクを吟味している。 ●実現可能かどうかを客観的に評価する。希望的観測だけで製造実現性を評価していない。
関連QMS文書例	●製品実現管理規定、設計開発規定、製造実現性評価基準など。

【運用のポイント】

製品実現フローの入口にあたるプロセスです。4オーバーとならないためにも、このプロセスは重要です。製品のみならず、管理上における顧客要求事項を満たせるか否かについても確実に評価しなければなりません。**実現不可能な要求事項を安易に受け入れてしまえば、品質コンプライアンス違反による不正を誘発する**ことになります。顧客要求事項を満足するためには、新たな経営資源の投入が必要になることもありますので、できるだけ早い段階で経営責任者や経営層による判断をする機会が必要です。

図表 4-29　製造実現性の評価

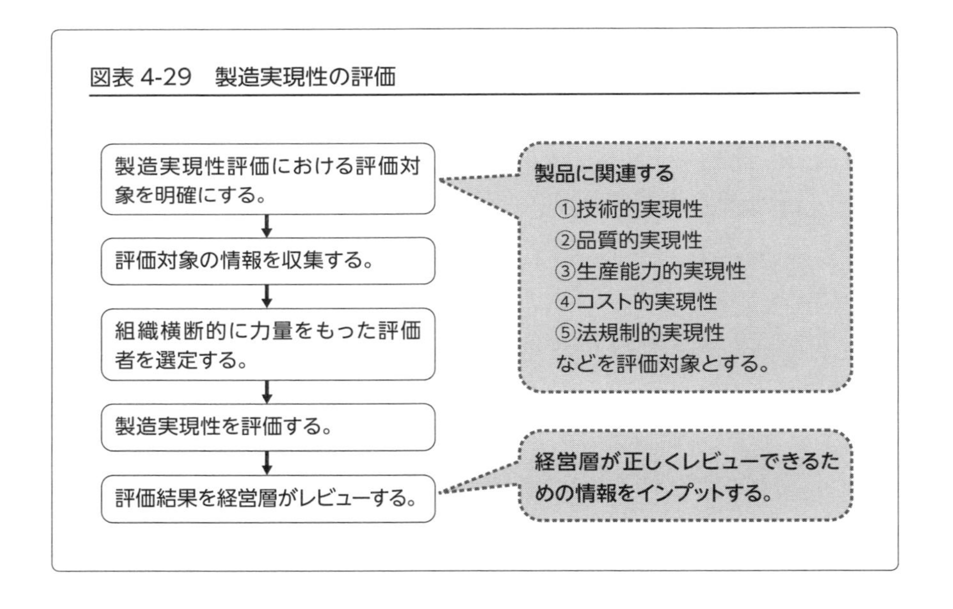

8.3　製品及びサービスの設計・開発	
要求事項	❑設計・開発を計画立てて進めること。 ❑設計・開発に必要な情報を決めておき、確実に入手すること。 ❑設計・開発のレビュー、検証、妥当性確認を行うこと。 ❑設計・開発の結果である図面、仕様書、試作品などは入手した情報を満たすなど、適切であること。 ❑設計・開発の変更は悪影響が出ないように確認を確実に行い、慎重に管理すること。
対応方法	●製造実現性を考慮した設計・開発をする。 ●実生産段階と同じ状況で設計仕様を満たせるかどうか、妥当性確認を必ず行う。
実施例	●デザインレビューで、製造しやすい設計になっているかどうか、製造部門や購買部門などを含み組織横断的に検討する仕組みを構築している。 ●設計の悪さを製造でカバーすることをしていない。 ●外部委託する部分についても、供給者における製造実現性を適切に評価するように関係部門及び供給者に指示している。 ●設計目標の達成度について、正しい情報を経営層にインプットしている。
関連QMS文書例	●設計開発規定、デザインレビュー実施規定、供給者管理規定、供給者品質保証マニュアル（SQAM）など。

【運用のポイント】

品質コンプライアンスに対して、設計プロセスで考慮しなければならないことは、製造や購買など、その後のプロセスに対し無理を強いることがないようにしなければなりません。製造しやすい設計、組立しやすい設計になっていなければ、製造プロセスに過度な負担を強いることになり、やるべきことを実施しないという品質マネジメントシステムの未遵守による品質コンプライアンス違反の要因となりえます。**設計の悪さを製造プロセスでカバーすることは大変な無駄**であり、生産性やコスト面からも避けなければなりません。

購買プロセスに関しても同様で、調達できないような部品や材料の選定を避けなければなりません。供給者への過剰要求であるオーバースペックにならないようしなければならないということです。設計プロセスで外部委託する部分を明確にしますが、供給者においても製造実現性を適切に評価するように指示・要請を適切に行うことが求められます。

経営層は、実現可能な設計目標となっているかどうかを適切に評価することと、達成度の把握についても正しい情報が得られるように管理層とのコミュニケーションをうまく行うことが必要です。

図表 4-30　品質コンプライアンスに関連する設計プロセスにおける考慮事項

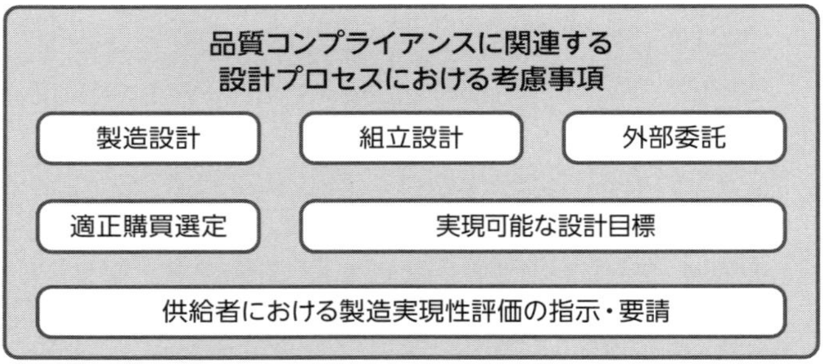

8.4　外部から提供されるプロセス、製品及びサービス	
要求事項	❑購買などで外部から提供されるプロセス、製品及びサービスをしっかりと管理すること。 ❑外部提供者の能力を評価、選択し、採用すること。さらに成績の監視、再評価をすること。 ❑外部提供者と外部から提供されるプロセス、製品及びサービスが悪影響を及ぼさないようにしておくこと。 ❑外部提供者への要求事項は伝達する前に十分に確認すること。さらに外部提供者には確実に伝達すること。
対応方法	●供給者（外部提供者）に無理難題を押しつけない。不正の機会になりえる。 ●供給者への品質コンプライアンス対応について具体的な要求を伝達する
実施例	●供給者に製造実現性の評価を適切に実施する仕組みを要求している。 ●供給者への要求事項に無理がないか、評価する仕組みを作っている。 ●供給者の生の声を聞く機会を設けている。また、その仕組みを作り、継続的に取り組んでいる。 ●供給者においても品質コンプライアンスへの対応を全社的に実施するよう具体的に要求している。また、そのための支援をしている。 ●供給者からさらにその先の供給者へ品質コンプライアンスについて対応するように順送りに要求することを求めている。
関連QMS文書例	●購買管理規定、供給者管理規定、供給者品質保証マニュアル（SQAM）など。

【運用のポイント】

品質コンプライアンスへの対応を組織で一生懸命取り組んでも、供給者が品質コンプライアンス違反を犯していては意味がありません。結果的に顧客を裏切ってしまうことになります。

したがって、**供給者にも品質コンプライアンスへの対応を十分に行ってもらう**必要があります。組織と同様に製造実現性の評価を確実に実施する仕組みをもってもらうことが必要で、仕事が欲しいからといって、実現不可能な案件を安易に受注しないように求めなければなりません。

さらに、１次供給者だけでなく、その先の２次以降の供給者にも品質コンプライアンスの対応について、順送りに要求することが求められます。組織も供給者にオーバースペックなど無理な要求をしないようにしなければなりませんし、無理な要求になっていないかどうかを評価する仕組み（監査、聞き取りなど）が求められます。

図表 4-31　品質コンプライアンス対応の供給者への要求

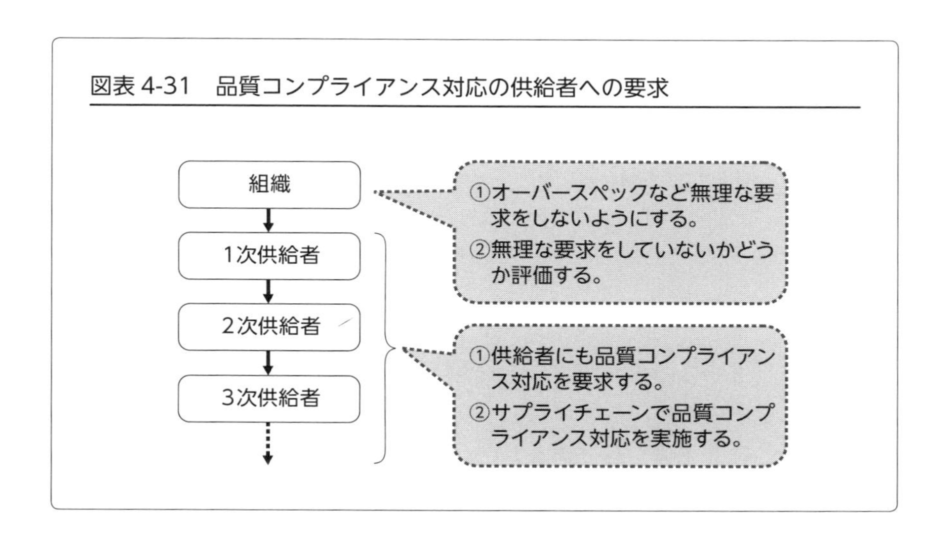

8.5　製造及びサービス提供の管理	
要求事項	❏製造及びサービス提供を管理された状態で実行すること。 ❏プロセスの運用結果は適切に識別すること。 ❏あとで追えるように記録などでつながりを残しておくこと（トレーサビリティを維持すること）。 ❏顧客や外部提供者の所有物を管理すること。 ❏結果（アウトプット）を適切な状態で保存しておくこと。 ❏引き渡し後の活動を適切に行うこと。 ❏計画されていない変更があれば、きちんと確認し、問題がないように管理すること。
対応方法	●現場の声に耳を傾ける仕組みを作ること。 ●コスト偏重主義に陥らない仕組みを作ること。 ●品質マネジメントシステムの未遵守がない状況を作ること。
実施例	●三現主義（現場、現物、現実）で経営層、管理層が現場に向きあっている。定期的な現場パトロール、日常点検を行っている。 ●経営層、管理層が直接現場の声を聞くような機会を設けている。 ●コスト重視により、現場に無理をさせていないかどうかを確認している。また、継続的に実施する仕組みを作っている。 ●品質マネジメントシステムどおりできていないことを調査、報告などで明らかにし対応している。その際、未遵守であってもとがめていない。
関連QMS文書例	●製造管理規定、工程管理規定、QC工程表、コントロールプラン、工程点検要領など。

【運用のポイント】

オーバーローコストオペレーション、製品設計の不備、工程設計の不備などによって製造現場に無理がかかると品質マネジメントシステムの未遵守による品質コンプライアンス違反による不正を誘発します。製造現場の従業員から聞き取りする仕組みをもつなどして、現場の生の声に耳を傾けなければなりません。聞き取りには管理層のみならず経営層にも参加することが求められます。**コスト偏重主義に陥っていないかどうか、製造現場に無理をさせていないかどうかについても、適正人員をデータで分析するなど客観的に評価する仕組みが必要**です。

さらに、品質マネジメントシステムどおりできていないなど、品質マネジメントシステムの未遵守について調査や報告を受けるなどして対応することが重要です。その際、品質マネジメントシステムの未遵守が検出されたとしても、該当者をとがめるのではなく、そうなってしまった品質マネジメントシステムの脆弱点を変えていくことを考えなければなりません。

図表 4-33　製造現場における品質コンプライアンス違反発生のメカニズム

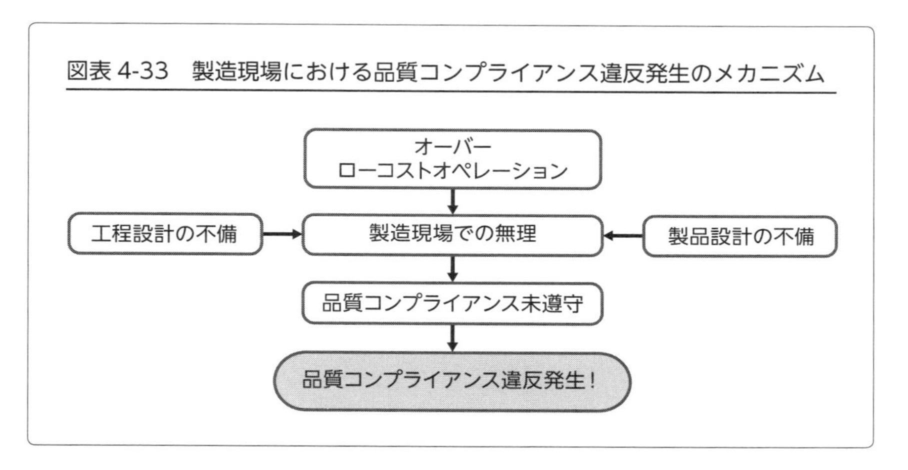

8.6　製品及びサービスのリリース	
要求事項	❑製品及びサービスがねらいどおりになったのかどうかを計画されたとおりに検証すること。 ❑ねらいどおりになったのかどうかの適合を検証する場合、計画した方法を問題なく完了するまでは、製品及びサービスを顧客へ出荷、引渡し、提供など（リリース）しないこと。 ❑合否判定基準をともなった適合の証拠とリリースを正式に許可した人がわかるように記録を残すこと。
対応方法	●検査データの改ざんができないような物理的、人的仕組みを作る。 ●資格保持者のみが検査できるような物理的、人的仕組みを作る。
実施例	●測定結果が直接データ化され、情報システムにインプットされるように改ざんの余地がないような仕組みにしている。 ●資格保持者のみが検査できるよう指紋認証、顔認証などのシステムを導入している。 ●検査員を開発部門、製造部門から独立した品質保証部門の要員としている。 ●工場内の検査部門でも、工場から独立した部門としている。製造部門内に検査部門を設けていない。 ●検査部門は、製造部門や開発部門と兼任させていない。検査部門長も製造部門や開発部門の機能を担うことがないようにしている。
関連QMS文書例	●組織規定、検査規定、力量管理規定、教育訓練規定、資格認定基準など。

【運用のポイント】

製品品質確保の最後の砦である検査を正しく機能させることは大変重要です。また、過去の品質コンプライアンス違反の多くは、検査プロセスで発生しており、特段の注意が必要です。

検査データの改ざん防止、検査資格保持者以外の検査実施の防止は、費用は発生するものの比較的取り組みやすい対応です。

また、**検査部門は製造部門や開発部門から独立させる**必要があります。検査部門の責任者は、製造部門や開発部門とつながっていないことが必要であり、検査部門で従事する要員の上司をたどっていっても製造部門や開発部門には属していないようにします。検査部門を含む品質保証部門は、生産責任や納入責任を負わず、経営責任者と直結していることが望まれます。

図表 4-34　検査プロセスにおける品質コンプライアンス対応

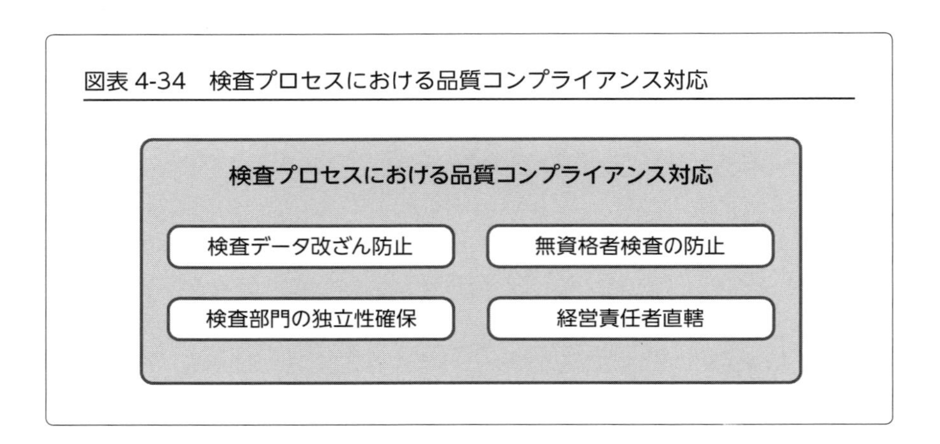

8.7　不適合なアウトプットの管理	
要求事項	❑ねらいどおりにならなかった結果（製品及びサービスが含まれる）すなわちアウトプットが誤って使用されたり、引き渡されたりすることを防ぐために、きちんと識別して管理すること。 ❑重要度に応じた適切な処置をとること。 ❑ねらいどおりにならなかったアウトプットについて確実に処理すること。 ❑ねらいどおりになるよう修正した場合には、本当にねらいどおりになったのかどうか検証すること。 ❑とられた処置については記録を残すこと。
対応方法	●不適合製品（購入品を含む）の特別採用の仕組みを見直す。 ●不適合製品が横流しされないような仕組みをもつ。
実施例	●顧客に特別採用を申請する場合、その情報を経営層に報告している。 ●経営層は、必要な経営資源を投入し、抜本的に工程を見直している。 ●工程が安定している（統計的管理状態にある）にもかかわらず、仕様を満たさず工程能力が低い場合は、現場の努力では解決できないため、経営の支援を得ている。 ●特別採用を申請しなければならない状況が続いている場合、製品仕様について顧客と調整する機会をもっている。 ●供給者からの特別採用にも注意を払っている。要求仕様の妥当性について供給者と再検討する機会をもっている。供給者の製品実現能力の再評価をしている。 ●従業員のみならず、廃棄物処理業者にも不適合製品の横流し（市場、ネットなどでの販売、業者への転売など）を起こさない仕組みをもっている。不適合製品を物理的な破壊をしている。廃棄物処理業者と厳密な契約をしている。
関連QMS文書例	●不適合製品管理規定、特別採用規定、購買品特別採用規定など

【運用のポイント】

不適合製品が発生した際にも品質コンプライアンス違反を犯す可能性が高まります。仕様を満たしていない製品を顧客に申請して納入を許可してもらう特別採用という仕組みがありますが、何度も特別採用を申請することは顧客の手前はばかれ、やがて不正に走る恐れがあります。そもそも工程能力が不足しているためで、抜本的に工程を見直す必要があります。

そのためには、**特別採用の情報を経営層に報告し、必要な経営資源を投入する**ことが求められます。

また、**特別採用を申請しなければならない状況が続くようであれば、製品**

仕様について顧客と調整する機会をもつことが必要で、たとえ受け入れられる可能性が低いと思っても、組織の意思を示すことが大切なのです。

組織の要求仕様を満たしていない場合の供給者からの特別採用にも注意を払う必要があります。要求仕様がオーバースペックとなっている可能性もあるので、要求仕様の妥当性について供給者と再検討する機会をもつことが望まれます。

供給者の製品実現能力の再評価も必要に応じて実施します。これらについてサプライチェーンを通じて実施します。

また、従業員のみならず、廃棄物処理業者にも不適合製品の横流し（市場、ネットなどでの販売、業者への転売など）を起こさない仕組みをもつことが必要で、不適合製品を物理的に破壊して使用不可能な状態にすることや、さらに廃棄物処理業者と厳密な契約の締結をすることなどが望まれます。

図表 4-35　品質コンプライアンスに関連する特別採用への対応

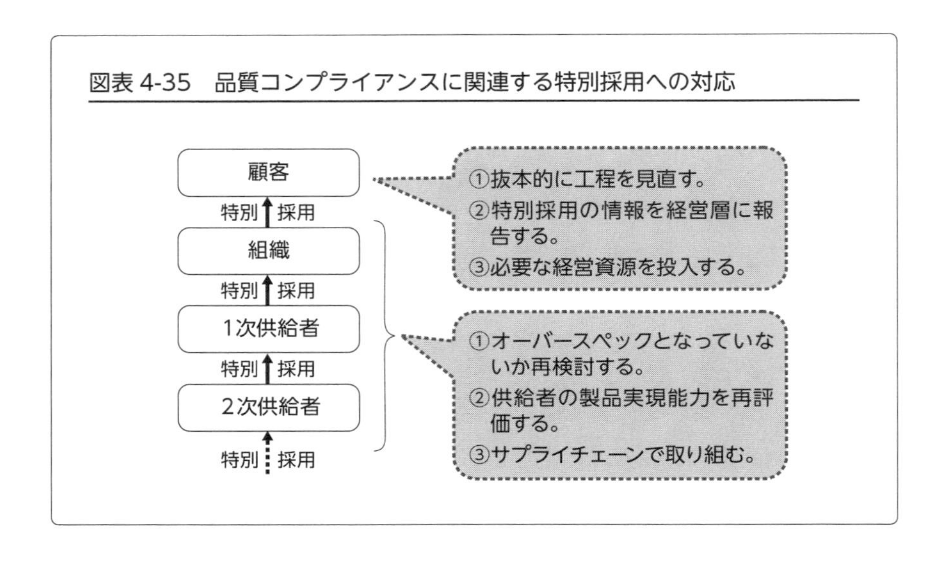

【ISO14001】8.2　緊急事態への準備及び対応	
要求事項	❏特定したリスクに関連して、潜在的な緊急事態への準備及び対応をすること。 ❏緊急事態からの有害な環境影響を防止又は緩和するための処置を計画し、準備すること。 ❏顕在化した緊急事態に対応すること。 ❏緊急事態及びその潜在的な環境影響の大きさに応じて、緊急事態による結果を防止又は緩和するための処置をとること。 ❏実行可能な場合には、計画した対応処置を定期的にテストすること。 ❏定期的に、また特に緊急事態の発生後又はテストの後には、プロセス及び計画した対応処置をレビューし、改訂すること。 ❏必要に応じて、緊急事態への準備及び対応についての関連する情報及び教育訓練を組織の管理下で働く人々を含む関連する利害関係者に提供すること。 ❏必要と判断した文書を作成すること。
対応方法	●品質コンプライアンスに関連する不正が発覚した場合の処置について、あらかじめ対応計画を策定する。 ●顧客、マスコミなどへの報告手順を決める。 ●品質コンプライアンス不正調査委員会を立ち上げる。 ●対応計画の実施及び実施後の検証を行う。 ●品質マネジメントシステムの未遵守、不備による不正であれば、品質マネジメントシステムの改善を行う。
実施例	●品質コンプライアンス不正に関連する準備及び対応方法を決定している。 ●前もって品質コンプライアンス準備対応計画を策定している。 ●品質コンプライアンス不正調査委員会の委員長及び委員をあらかじめ定めている。外部の専門家を委員として参加させている。 ●品質マネジメントシステムの未遵守、不備による不正を重大な不適合とし、是正処置に展開している。 ●マネジメントシステムの変更を確実に行っている。
関連QMS文書例	●品質コンプライアンス規定、品質コンプライアンス準備対応計画、是正処置規定など

【運用のポイント】

品質コンプライアンス対応を十分に行ったとしても、不正発生のリスクがゼロになることはありません。品質コンプライアンスに関連する不正への準備及び対応方法をあらかじめ定めておくことが必要です。まずは、**品質コンプライアンスに関連する不正の調査委員会を設置しておく**ことが望まれます。

品質コンプライアンス不正調査委員会の委員長及び委員についても前もって定めておきます。場合によっては外部の専門家を委員として参加させることも必要でしょう。**品質コンプライアンス不正調査委員会の委員長は、品質コンプライアンス管理責任者など、品質コンプライアンス対応に責任をもっていない人を任命する**ことが望まれます。品質コンプライアンス不正調査委員会の招集、審議内容についても取り決めておく必要があります。

品質コンプライアンス不正調査委員会の調査結果をもって、影響度に応じた計画を策定することになります。さらに品質マネジメントシステムの未遵守、不備による不正については、その不正を重大な不適合とし、是正処置に展開します。その際は、品質マネジメントシステムの変更を確実に行うことが重要です。

準備及び対応方法については、不正が発覚したという前提で、シミュレーションして妥当かどうかをテストすることが必要で、不正の発生後やテストの後には対応手順、対応方法について再検討し、必要に応じて改訂することが求められます。準備及び対応方法には、マスコミなどへの発表についても計画しておくことが望まれます。

図表 4-36　品質コンプライアンスに関連する不正への準備及び対応

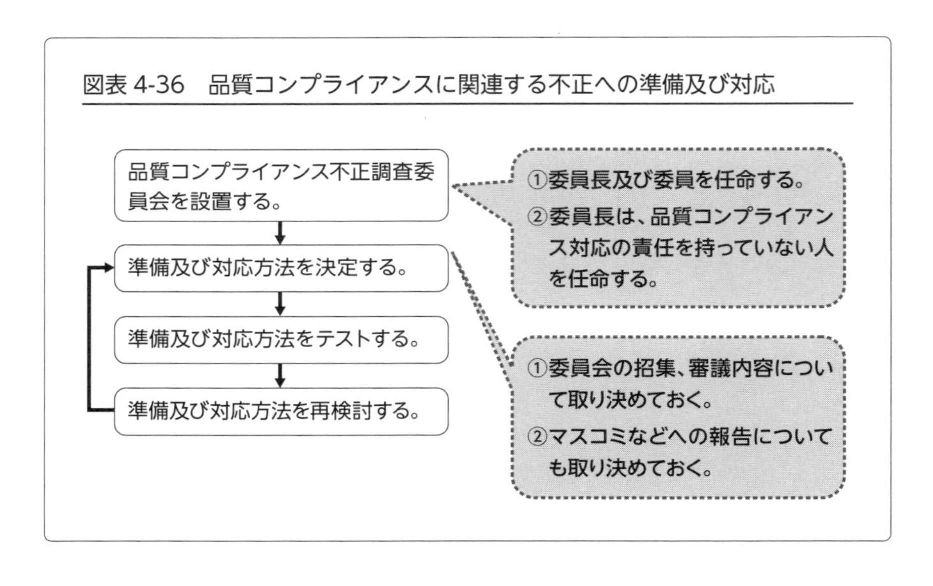

◆ 箇条9　パフォーマンス評価

図表 4-37　ISO9001 における箇条 9 の位置づけ

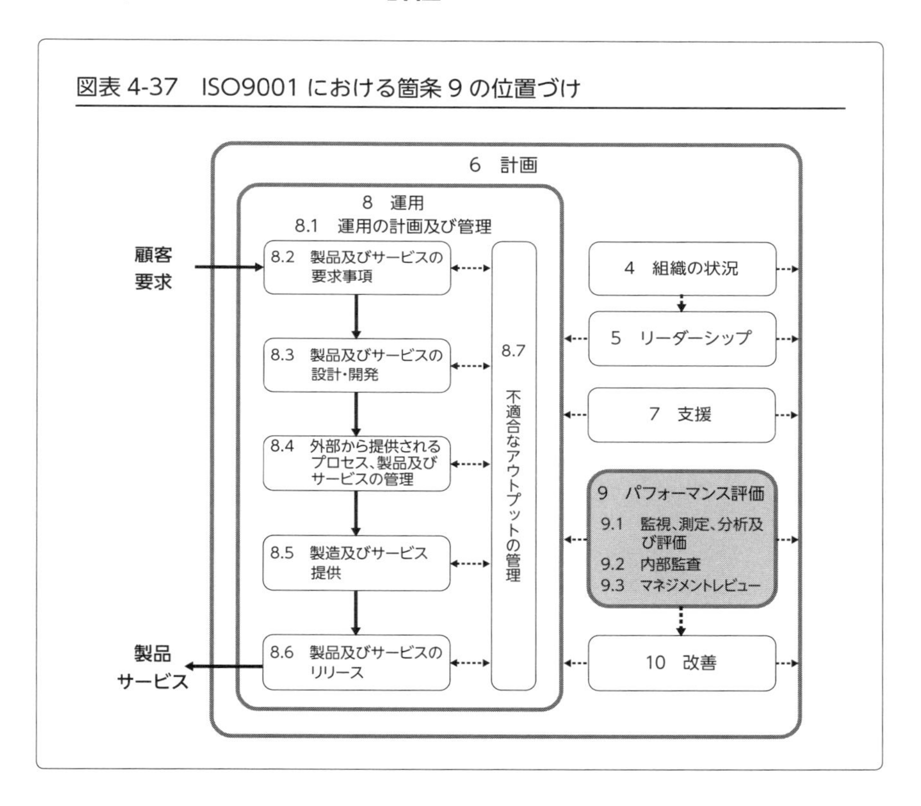

9.1　監視、測定、分析及び評価	
要求事項	❏監視及び測定の対象と監視、測定、分析や評価の方法とそれらの実施時期を決めること。 ❏望まれた結果が出ているのかどうか、品質マネジメントシステムがねらいどおりになっているのかどうかを評価すること。 ❏顧客満足について監視すること。顧客満足の情報入手、監視、評価方法を決めること。 ❏監視や測定からの情報源から得られるデータや情報を分析し、評価すること。
対応方法	●品質コンプライアンス遵守についても監視対象とする。
実施例	●監視カメラを設置しており、映像分析の仕組みを作っている。 ●決められたことを決められたとおり実施しているか、管理層が実施及び記録を点検している。
関連QMS文書例	●品質コンプライアンス規定など

【ISO14001】9.1.2　順守評価	
要求事項	❏組織は、順守義務を満たしていることを評価すること。 ❏順守を評価する頻度を決めること。 ❏順守を評価し、必要な場合には、処置をとること。 ❏順守状況に関する知識及び理解を維持すること。 ❏順守評価の結果を記録すること。
対応方法	●製品に関連する法規制を遵守しているかどうかを評価する。 ●遵守評価の頻度、対応処置方法、遵守すべき内容の理解、評価結果を記録する。
実施例	●製品をサンプリングし、トレースをとりながら特定された法規制を遵守できているかを確認している（製品監査）。 ●供給者にも法規制の遵守評価を要求している。 ●遵守されていない状況が検出された場合は、品質コンプライアンス委員会に報告している。 ●法規制違反が発覚した場合は、経営責任者は、品質コンプライアンス不正調査委員会に不正に対する調査を指示している。また、品質コンプライアンス準備対応計画にしたがって、計画どおり実施している。
関連QMS文書例	●遵守評価規定、製品監査規定、品質コンプライアンス準備対応計画など

【運用のポイント】

品質コンプライアンス遵守状況についても監視対象とします。品質コンプライアンスリスクアセスメント結果を考慮して、優先順位を決めて対応することが望まれます。必要に応じて、監視カメラの設置と映像分析の仕組みを作ります。**品質マネジメントシステムの未遵守による品質コンプライアンス違反については、決められたことを決められたとおり実施しているか、管理層が実施及び記録を点検することが必要**で、その仕組みを作ることが望まれます。

さらに**製品に関連する法規制を遵守しているかどうかを評価することが必要**です。遵守すべき法規制とその内容の特定、遵守評価の頻度、対応処置方法、評価結果記録など、遵守評価方法について取り決めておきます。そのうえで、製品をサンプリングし、トレースをとりながら特定された法規制を遵守できているかどうかについて確認します（製品監査）。

供給者にも法規制の遵守評価を要求することが望まれます。遵守されていない状況が検出された場合、品質コンプライアンス管理責任者は遵守評価結果を経営責任者に報告し、経営責任者は重大な法規制違反であれば、品質コンプライアンス不正調査委員会に不正の調査を指示します。また、品質コンプライアンス準備対応計画にしたがって、計画どおり実施します。

図表 4-38　品質コンプライアンスの監視対象

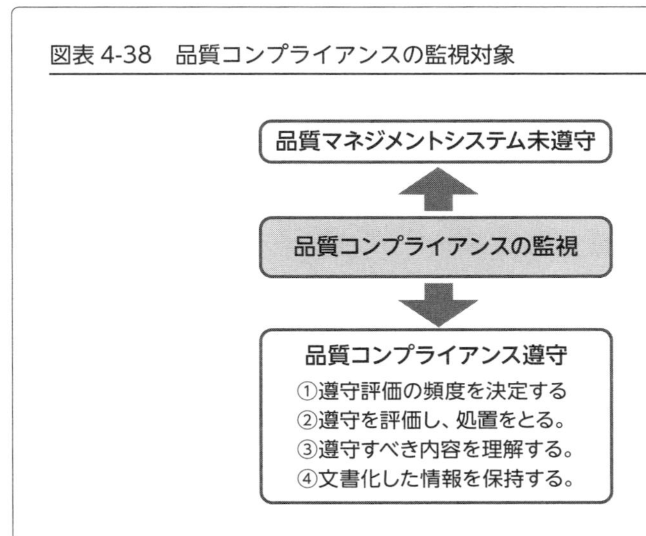

9.2　内部監査	
要求事項	❑組織自体が規定した要求事項とISO9001の要求事項を満たしているかどうか、品質マネジメントシステムの目的を満たしているかどうかを確認するために、あらかじめ定められた間隔で内部監査を実施すること。 ❑監査の取り決めや方法を計画し、確かなものにして計画どおり実施すること。必要に応じて変えていくこと。
対応方法	●品質コンプライアンス対応の仕組みについても品質マネジメントシステムの適用範囲とし、内部監査の対象とする。 ●品質コンプライアンス遵守の監査（抜き打ちも含む）の仕組みをもつ。 ●製品監査により、品質コンプライアンス遵守状況を確認する。
実施例	●品質マネジメントシステムに品質コンプライアンス対応の仕組みも取り入れたうえで、品質コンプライアンス対応についても、内部監査の監査範囲として明確にしている。 ●文書、記録の確認に終始するのではなく、実際に実行できるかどうかの観察（実際にやらせてみる）を十分に行っている。 ●プロセスに焦点を当てたプロセスアプローチ監査を実施している。各プロセスでのリスク対応についても監査対象としている。 ●抜き打ち監査の実施のために経営層の支援を受けている。監査対象は、ランダムに抽出し、内部通報などの情報が入った場合は、特定して実施している。 ●製品監査を実施している。
関連QMS文書例	●内部監査規定、内部通報規定など

【運用のポイント】

内部監査は、品質コンプライアンスの監視測定及び品質コンプライアンスマネジメントシステムの改善に有効な取り組みです。品質マネジメントシステムに品質コンプライアンス対応の仕組みも取り入れ、適切な品質コンプライアンスマネジメントシステムを確立したうえで、内部監査の監査範囲として明確にすることが求められます。一般の内部監査で陥りがちな文書や記録の確認に終始するのではなく、実際に実行できるかどうかの観察（実際にやらせてみる）を十分に行うことで、品質マネジメントシステムの未遵守による品質コンプライアンス違反を検出することができます。

内部監査では、プロセスに焦点を当てたプロセスアプローチ監査を実施します。**各プロセスでのリスク対応についても監査対象とし、品質コンプライアンスリスクへの対応についても監査を実施**します。

計画に基づいた内部監査だけでなく、抜き打ち監査も有効です。しかし、抜き打ち監査の実施のためには、被監査側からの抵抗が強くなることが予想されるので、経営層の支援を受けることが大切です。監査対象は、ランダムに抽出することが基本で、内部通報などの情報が入った場合は、特定して集中的に実施することが求められます。

また、製品を特定して正しく製造、正しく検査、正しく梱包されたのかを検証するために製品監査を実施します。

図表 4-39　品質コンプライアンスに関連する内部監査の対象

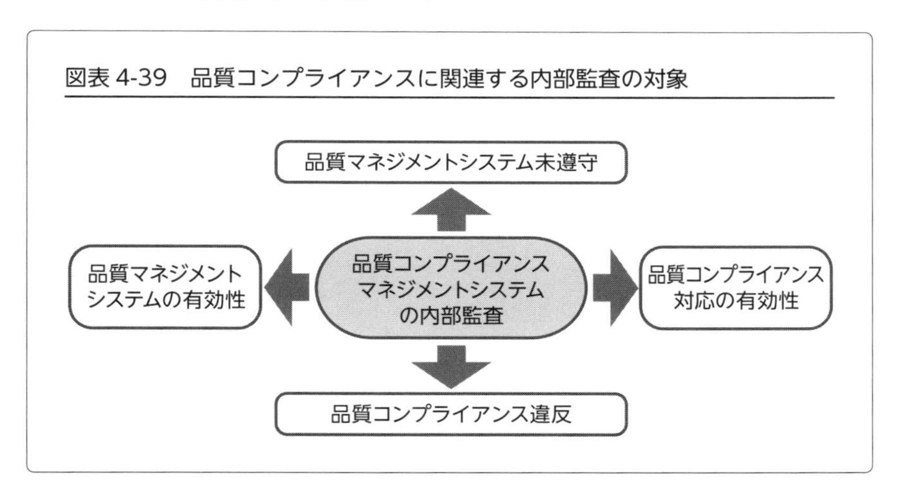

9.3　マネジメントレビュー	
要求事項	❏経営責任者は、品質マネジメントシステムが適切で、妥当で、有効であること、組織の戦略的な方向性と一致していることをあらかじめ定められた間隔で見直しすること。 ❏見直しの際には、経営責任者が正しい判断ができるように、考慮すべきことをきちんと整理して伝えること。 ❏見直しした結果には、改善の機会や品質マネジメントシステムの変更の必要性、必要な資源について決定及び処置を含めること。
対応方法	●マネジメントレビューへのインプットに品質コンプライアンス遵守評価結果を含める。
実施例	●経営会議などで、経営責任者に品質コンプライアンスの遵守評価結果について報告している。 ●さらに品質コンプライアンスにおけるリスクアセスメント結果、遵守評価結果、内部監査結果などを報告している。
関連QMS文書例	●経営会議規定、マネジメントレビュー規定など

【運用のポイント】

マネジメントレビューへのインプットに品質コンプライアンス遵守評価結果を含めます。**有効なマネジメントレビューとするためには、経営との一体化が必要で、経営会議などで実施する**ことが望まれます。そして、その経営会議などで、経営責任者に品質コンプライアンスの遵守評価結果について報告します。

その他、品質コンプライアンスリスクアセスメント結果、品質コンプライアンスマネジメントシステムの内部監査結果などを報告します。

図表 4-40　品質コンプライアンスに関連するマネジメントレビューへのインプット

マネジメントレビューへのインプット

- 品質コンプライアンス
リスクアセスメント結果
- 品質コンプライアンス
遵守評価結果
- 品質コンプライアンス
マネジメントシステム監査
及び製品監査結果
- 品質コンプライアンスに
関連する情報

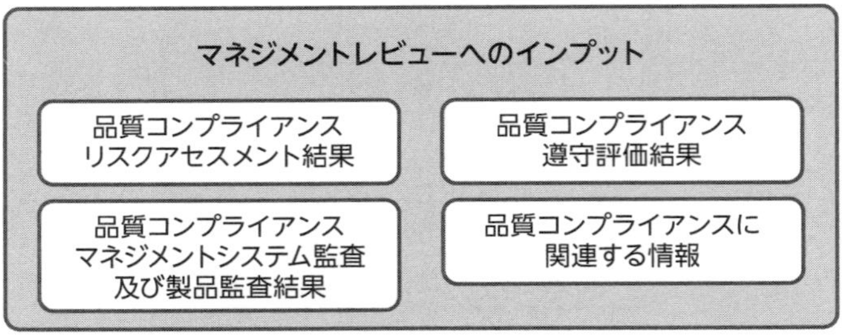

◆ 箇条10　改善

図表 4-41　ISO9001 における箇条 10 の位置づけ

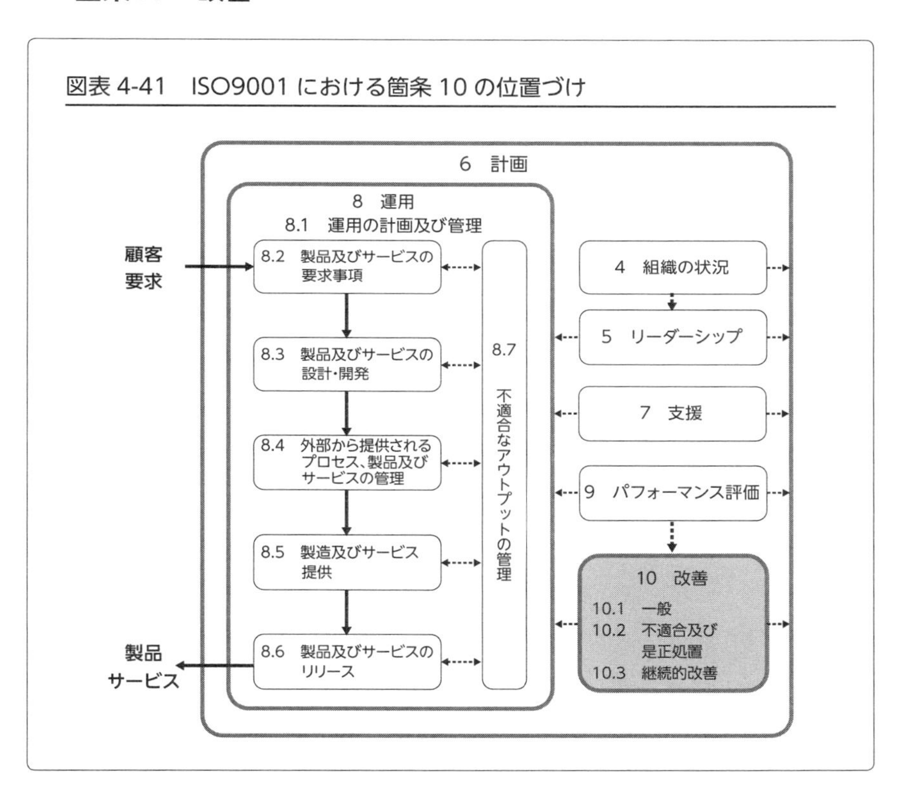

10.1　一般	
要求事項	❑品質マネジメントシステムのどこをどう改善すべきかについて、改善点を見出して決定し、まず何からやるべきかを選択すること。 ❑顧客のニーズや期待を満たし、顧客満足を向上させるための処置を実施すること。
対応方法	●品質コンプライアンス対応の仕組みも改善の対象とする。
実施例	●品質コンプライアンスを品質マネジメントシステムとは別の活動ととらえるのではなく、一体化して進めながら改善している。
関連QMS文書例	●品質マニュアルなど

10.2　不適合及び改善	
要求事項	❏不適合が発生した場合、その不適合を管理し、修正するための処置をとること。その不適合によって起こった結果に対処すること。 ❏不適合が再発したり、他のところで発生したりしないように、不適合の内容を確認・分析し、原因を明確にし、類似の不適合が発生しているか、発生する可能性があるかどうかを明確にしたうえで、不適合の原因を除去するための処置が必要かどうか評価すること。 ❏必要と評価した場合は、処置を実施すること。 ❏必要に応じてリスク及び機会を見直すこと ❏是正処置に伴い、品質マネジメントシステムの変更が必要な場合は変更を行うこと。 ❏不適合の性質と処置、是正処置の結果を記録として残すこと。
対応方法	●品質コンプライアンス違反を不適合の対象とする。 ●品質コンプライアンスマネジメントシステムの未遵守を不適合の対象とする。
実施例	●不適合の定義に品質コンプライアンス違反を追加している。 ●品質コンプライアンス違反に対しても、不適合処置、是正処置の仕組みを適用している。
関連QMS文書例	●不適合製品管理規定、不適合処置規定、是正処置規定など

10.3　継続的改善	
要求事項	❏品質マネジメントシステムの適切性、妥当性、有効性を継続的に改善すること。 ❏分析と評価結果やマネジメントレビューの結果から継続的改善として取り組まなければならない必要性や機会があるかどうか確認すること。
対応方法	●品質コンプライアンス対応の仕組みについても継続的に改善する。
実施例	●品質コンプライアンス違反が顕在化した場合は、仕組みを改善して、再発防止を行っている。 ●潜在する品質コンプライアンス違反の発生を防止するために、品質コンプライアンスリスクアセスメントに基づき未然防止を行っている。
関連QMS文書例	●是正処置規定、品質コンプライアンスリスクアセスメント規定、品質コンプライアンスリスクアセスメントシートなど

【運用のポイント】

品質マネジメントシステムの改善の仕組みを品質コンプライアンス対応にも適用します。これには、**品質マネジメントシステムと品質コンプライアンス対応を一体化して運用することが有効**です。品質コンプライアンス違反を不適合の対象とし、是正処置の手順を適用します。品質コンプライアンスマネジメントシステムの未遵守についても同様に不適合の対象とし、是正処置の手順を適用します。間違いなく不適合と判断するためには、不適合の定義に品質コンプライアンス違反を追加することが求められます。品質コンプライアンス対応の品質マネジメントシステム、つまり品質コンプライアンスマネジメントシステムについても継続的に改善するのです。

品質コンプライアンス違反が顕在化した場合は、仕組みを改善して、再発防止を行います。潜在する品質コンプライアンス違反を未然防止するために、品質コンプライアンスリスクアセスメントに基づきリスクアプローチを含むプロセスアプローチを行います。

図表4-42　狭義のQMSと広義のQMSの違いと是正処置の対象

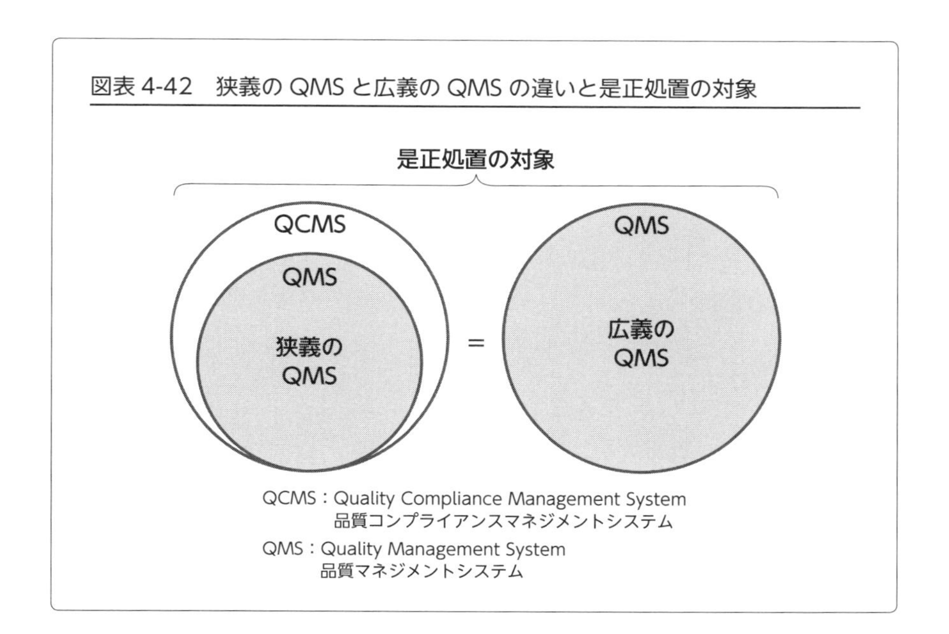

【全体のまとめ】

ISO9001及びISO14001をベースとして、品質マネジメントシステムの各要素において、品質コンプライアンスへの対応を説明しました。

品質マネジメントシステムの強化については、現存する品質マネジメントシステムをベースに追加・修正を行っていけばよいでしょう。

品質コンプライアンスに関するリスクマネジメントについても、品質マネジメントシステムに取り込んでいくことで、経営と品質マネジメントシステムとともに一体化した運営ができ、より有効な仕組みになるのです。

3 » セクター規格要求事項と品質コンプライアンスへの対応

ISO9001要求事項が品質コンプライアンスへの対応に応用できることを解説してきました。他にも品質コンプライアンスに関連する要求事項が盛り込まれているマネジメントシステム規格があります。

自動車産業品質マネジメントシステム規格のIATF16949、情報セキュリティマネジメントシステム規格のISO/IEC27001、食品安全マネジメントシステム規格のJFS-Cなどが該当します。これら特定の産業に特化したセクター規格から参考となる部分を抽出し、品質コンプライアンス対応について解説していきます。

♦ IATF16949

自動車産業品質マネジメント規格で、ISO9001への適合をベースとして、追加の要求事項があります。IATF（International Automotive Task Force；国際自動車産業特別委員会）とは欧米の自動車会社で組織されている委員会で、IATF16949は、供給者への要求であり、認証を求めているものです。

4.4.1.1　製品及びプロセスの適合	
参考部分	❑製品及びプロセスが法令・規制要求事項を満たしていること。
解説	●アウトソースしたプロセスも含まれる。顧客要求事項のみならず法令・規制要求事項への適合を求めている。また、その仕組みを求めている。

4.4.1.2　製品安全	
参考部分	❑上申プロセス及び情報フローを明確にすること。 ❑サプライチェーン全体にわたって製品安全に関する要求事項を連絡すること。
解説	●現場における不正情報が上層部に伝達されるよう上申プロセスを求めている。また、サプライチェーン全体に要求事項を連絡することを求めている。

5.1.1.1　企業責任	
参考部分	❑企業責任方針を定め、実施すること。 ❑最低限、賄賂防止方針、従業員行動規範及び倫理的上申方針（内部告発方針）を含めること。
解説	●自動車業界としても社会の一員として正しく運営していかなければならない。企業の在り方としても品質マネジメントシステムに取り込むことが重要であり、要求事項として具体化されている。

8.4.2.2　法令・規制要求事項	
参考部分	❑購買製品などが受入国、出荷国及び顧客に特定された仕向国の法令・規制要求事項に適合することを確実にすること。 ❑供給者で管理する場合も同様に確実にすること。
解説	●法令・規制要求事項は、供給者に順送りに伝えることが求められている。 ●サプライチェーン全体を通じてコンプライアンスが求められている。

8.4.3.1　外部提供者に対する情報―補足	
参考部分	❑該当する法令・規制要求事項すべてについて、サプライチェーンをたどって、供給者のその先の供給者の製造現場にまで、要求事項を展開するよう供給者に要求すること。
解説	●直接の供給者に展開するだけでなく、さらにその先の供給者、さらにその先の供給者というようにサプライチェーンをたどって展開することが求められている。

8.7.1.1　不適合製品の廃棄	
参考部分	❏不適合製品のうちスクラップされる製品が廃棄の前に使用不可の状態にされていることを検証すること。 顧客の事前承認なしで、不適合製品をサービス又は他の使用に流用しないこと。
解説	●従業員や処理業者が不正をしないように、横流しができないような不適合製品の処理を求めている。

9.1.1.1　製造工程の監視及び測定	
参考部分	❏合否判定基準が満たされない場合の対応計画及び上申プロセスをもつこと。
解説	●検査で不合格の場合の対応計画と不正があった場合の上申プロセスの監視が求められている。

9.2.2.4　製品監査	
参考部分	❏生産及び引渡しの適切な段階で製品を監査すること。
解説	●梱包を含め、製品を監査する。試験、検査が正しく行われたのか、梱包は仕様どおりか、ラベリングは仕様どおりか。検査そのものまで疑って、検証することを求めている。この製品監査が正しく機能していれば、品質コンプライアンス違反の早期発見につながる。

♦ ISO/IEC27001

顧客情報の漏洩などは、組織の信頼を著しく損ねる重大なリスクです。このような**情報セキュリティリスクに対応するマネジメントシステムの要求事項**がISO/IEC27001です。

A.7.2.3　懲戒手続き	
参考部分	❏情報セキュリティ違反を犯した従業員に対しての措置のため、正式かつ周知された懲戒手続きを備えておくこと。
解説	●管理目的及び管理策で規定されている要求事項である。 ●違反を犯した従業員への罰則を含めた懲戒の正式ルールを明確にしたうえで、周知することを求めている。品質コンプライアンス違反についても、同様な仕組みが必要である。

♦ JFS-C

JFS-Cとは、フードチェーン全体での食品安全確保のための取り組みを標準化し、自らの食品安全レベルを向上させることを目的として、一般財団法人食品安全マネジメント協会（JFSM）が開発した食品安全マネジメントシステムの認証スキームです。

FSM 26　食品偽装防止対策	
参考部分	❑潜在的な製品に対する記録や表示の改ざん及び意図的な希釈等を特定し、食品偽装の脆弱性に優先順位をつけるための評価手順を文書化し、実施、記録すること。 ❑特定された食品偽装の脆弱性による食品安全リスクの低減に向けて、組織が実施する対策を明記した計画を文書化し、実施すること。 ❑この計画（食品偽装防止プラン）はGMP（Good Manufacturing Practice; 適正製造規範）を含み、食品安全マネジメントシステムに組み込むこと。
解説	●食品偽装に関するリスク評価手順の文書化、実施、記録を要求している。品質コンプライアンス違反についても、リスク分析し、優先度を決定して、リスク低減に取り組むことが必要である。

業界が異なるセクター規格についても学習し、活用できそうな要求事項については、部分的にでも採用することが望まれます。業界が違うから関係ないという姿勢では、有効な品質コンプライアンスへの対応は期待できません。

第 5 章

プロセスアプローチの考え方

1 »プロセスアプローチとは

◆ プロセスの概念

多くの組織で品質マネジメントシステムは適用されていますが、残念ながらプロセスアプローチを正しく理解して実践している組織は、少ないのが現状です。ここでは、**まずプロセスアプローチを正しく理解し、実践して、品質マネジメントシステムをより有効なものにしたうえで、品質コンプライアンスに対応していく**ことを目指します。

第3章で説明したように、プロセスとは、インプットを使用して、意図した結果をアウトプットする活動のことでした（62ページ参照）。

図表 5-1　プロセスの概念図

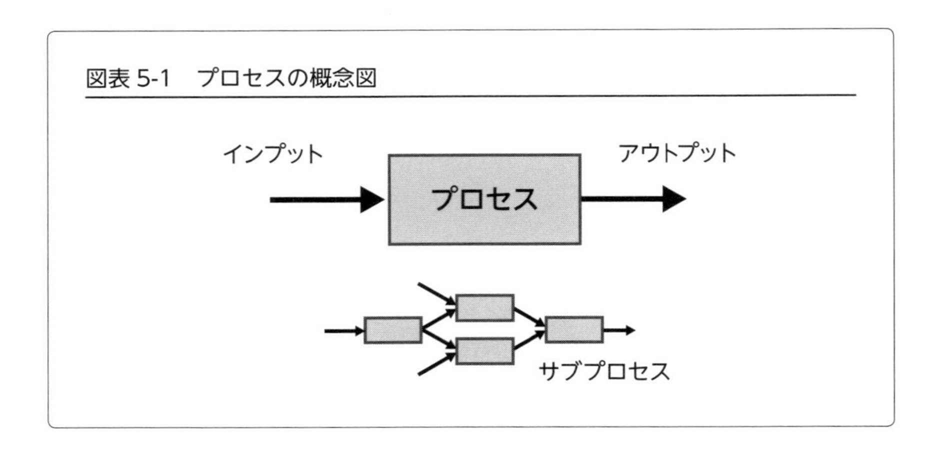

プロセスは活動であるため、細かく分けることができます。細かく分けたプロセスを**「サブプロセス」**と言います。逆に、細かなプロセスを結合させることもできます。サブプロセスを結合させると、プロセスとなります。

身近な例で、インスタントラーメンの調理で考えてみます。調理も活動なので調理プロセスといえます。

図表 5-2　インスタントラーメン調理プロセスの概念図

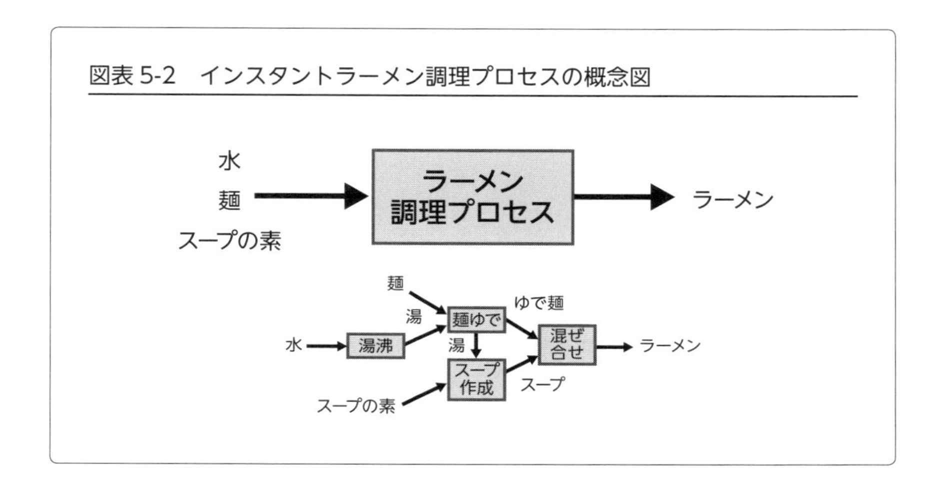

◆ プロセスアプローチの概念

インスタントラーメンは誰もが失敗せずに作ることができます。なぜなら、お湯を沸かすときに、誰もが適切な大きさの鍋を使うからです。一人前のラーメンを作るときに、卵焼き用の小さなフライパンを選んだり、何十リットルも入る寸胴鍋を選んだりしません。

そして、適切な大きさの鍋に水を入れますが、溢れるほど鍋いっぱいに水を入れることはしません。かといって 1cm の深さまでというのもありません。鍋の七分目くらい、およそ 500ml 程度の水を入れます。

それから、コンロに火を着けますが、火を着けてすぐ麺を入れることはしません。沸騰するまで待って、沸騰するのを目で見て確認します。沸騰したのを確認したら、麺を入れます。

麺を入れてすぐに取り出すことはしません。袋に書いてあるレシピに 3 分と記載されていれば、3 分間麺をゆでます。正確な時間でゆでるためにタイマーを使うこともあります。

次にスープを作りますが、器にスープの素を入れてお湯をそそぐときに、お湯を溢れるほど器いっぱいに入れたり、ほんの少しだったりすることはありません。器の七分目くらいまで目で見て確認しながら入れます。

そして、混ぜ合わせますが、これもいいかげんではなく、麺をすくうときには、お湯をしっかり切って、器に入っているスープと混ぜ合わせます。

このように一連の活動を正しく間違いなく行うことで、毎回、おいしいラーメンが食べられるのです。

ラーメンを調理するときのように、**それぞれのプロセスで適切に活動し、正しく間違いのない結果をアウトプットして、それをつなげていった結果、最終的によい結果が得られることを「プロセスアプローチ」**といいます。これを仕事でも同じように実践するということです。

◆ 品質マネジメントの7原則

日本では、品質管理というとQC（Quality Control）を想起する人が多いのですが、実はQCは海外では検査のことを指します。QC Teamというと検査係といった具合です。日本でいう「品質管理」は海外では“Quality Management”となり、より良い製品・サービスを提供するための様々な活動のことです。しかし、Quality ControlもQuality Managementも日本語にすると「品質管理」です。

したがって、本書ではQuality Managementの意味合いを表す場合には、「品質マネジメント」とします。

その品質マネジメントには7つの原則が示されています。この原則をよく理解することで、より良い品質マネジメントシステムへと改善が進んでいくことになります。ISO9001もこの7つの原則に基づき作成されています。このうちの1つがプロセスアプローチです。

図表5-3　品質マネジメントの7原則

原則1	顧客重視
原則2	リーダーシップ
原則3	人々の積極的参加
原則4	プロセスアプローチ
原則5	改善
原則6	客観的事実に基づく意思決定
原則7	関係性管理

◆ ISO9001のプロセスアプローチ要求事項

プロセスアプローチは品質マネジメントシステムの中核であり、ISO9001においても中心軸となるものです。プロセスアプローチの要求事項は、4.4品質マネジメントシステム及びそのプロセスで規定されています。

プロセスアプローチについては、ISO9001では文書化まで要求していません。しかし、目で見てわからないと運用や改善がしにくくなります。よって、目で見てわかるように可視化して、プロセスの関係者で共有することが大切です。

2 ›› プロセスの分析

プロセスアプローチを可視化するには、より良いプロセスの運用方法を考え出していくことが前提になります。これを**「プロセスの分析」**といいます。

◆ プロセスアプローチとリスクアプローチ

プロセスをうまく運用管理すれば、そのプロセスからは良いアウトプットが得られます。品質マネジメントシステムは、プロセスとそのつながりでできているので、プロセス管理がうまくいけば、システムとしての結果もうまくいき、その結果、良い品質の製品・サービスが提供でき、顧客満足が得られます。これがプロセスアプローチの目的です。

一方で、プロセスにはリスクも存在します。製品品質という側面だけでなく、安全、環境、情報セキュリティ、不正というリスクの側面も考慮しなければなりません。品質コンプライアンスについてもリスクの対象となります。これらリスクという側面を合わせて、プロセスアプローチを行います。

それぞれのプロセスでプロセスアプローチとリスクアプローチを行うことで、顧客満足や顧客に安心感を与える品質保証に加え、リスクの未然防止という目的を達成します。プロセスアプローチとリスクアプローチを併せもつことが本当のプロセスアプローチといえるのです。

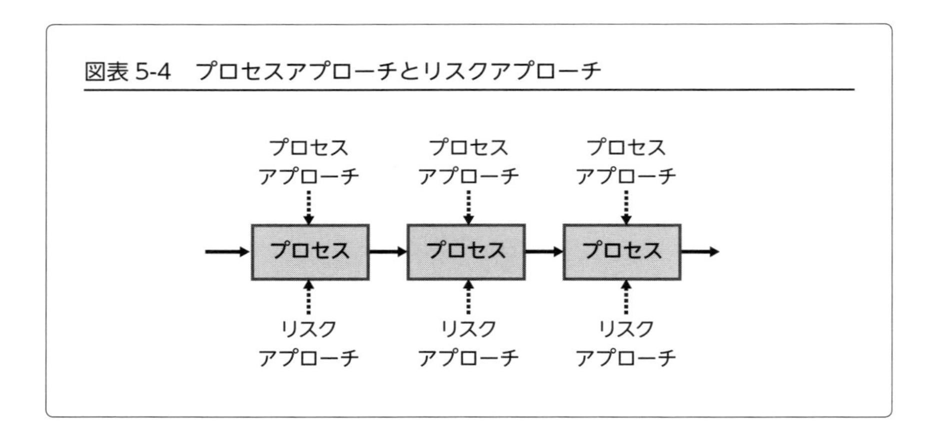

ところで、プロセスアプローチには、顧客満足や品質保証を達成するための「狭義のプロセスアプローチ」とリスクアプローチを加えた「広義のプロセスアプローチ」があります。

本書では、単に「プロセスアプローチ」と記述している場合は、ことわりがないかぎりは広義のプロセスアプローチとします。

図表 5-5　狭義のプロセスアプローチと広義のプロセスアプローチ

	種　類	目　的
プロセスアプローチ（広義）	プロセスアプローチ（狭義）	顧客満足／品質保証
	リスクアプローチ	リスクの未然防止

♦ プロセスの分析手法

プロセスアプローチを有効なものにするためには、可視化が大切だと先述しました。つまり、文書化です。プロセスアプローチとリスクアプローチを目で見てわかるようにするということで、「プロセスの目」と「リスクの目」という２つの目でプロセスに向き合います。

そして、プロセスの目による分析を**「プロセスの目分析」**、リスクの目による分析を**「リスクの目分析」**といいます。２つ合わせて**「プロセスの目・リスクの目分析」**と言います。

プロセスの目分析とは、各プロセスでアウトプットとして提供される価値を最大化するために、どのようにプロセスを管理すればよいかを見極める方法のことです。

リスクの目分析とは、リスクを最小化するためにどのようにプロセスを管理すればよいかを見極める方法のことです。

もし、プロセスの運用において、結果が出ていなければプロセスのどこかが悪いと考えます。プロセスの何が悪いのか、何が弱いのかを明らかにするのですが、それをプロセスの目・リスクの目分析により探ります。これにより、プロセスとそのつながりを改善し、目標とする結果を出すことを目指します。プロセスの目・リスクの目分析によるプロセスの分析は、プロセスアプローチの構築と運用としてのツールでもあり、第２部第８章で説明するプロセスアプローチ監査のツールでもあります。

図表 5-6　プロセスの目・リスクの目分析の概念図

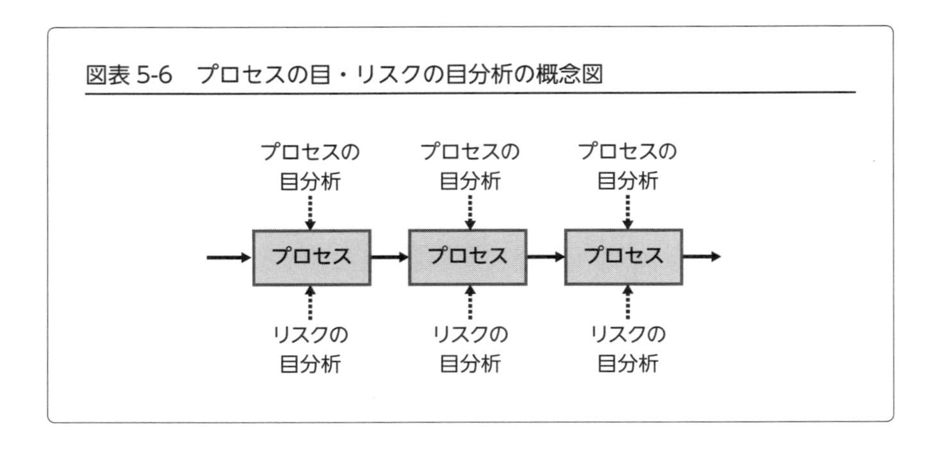

♦ プロセスの目分析

プロセスの運用においてプロセスの目分析で計画しておくべきこと、つまり前もって決めておくべきことには 11 項目あります。これらの 11 項目を事前に決め、そのとおりに実施し、もし問題があれば、11 項目のどれかを変えて改善していきます。

プロセス目分析における管理すべき 11 項目とは、①インプット、②アウトプット、③付加価値、④指標、⑤管理項目、⑥管理基準、⑦管理方法、⑧管理手順、⑨管理記録、⑩人（力量、認識）、⑪インフラストラクチャです。

①**インプット**：適切なアウトプットにするためにも、必要なインプットが明確になっていて、確実にインプットされなければなりません。このインプットは、前のプロセスからのアウトプットです。

②**アウトプット**：プロセスからのアウトプットにどのようなものがあり、そのあるべき姿が何かを明確にしなければなりません。このアウトプットは後のプロセスのインプットになります。

③**付加価値**：プロセスからは意図した結果がアウトプットされるのですが、それにはインプットに対して価値が付加されています。インプッ

トがそのままスルーしてアウトプットになっているのであれば、そのプロセスでは、何の価値も生んでいないことになります。必ず求められる価値があるのです。この価値とは、アウトプットの目的でもあります。

例えば、ボールペンをアウトプットとして考えると、顧客はボールペンそのものではなく、文字が書けるという「価値」が欲しいのです。その価値を理解していないと、何を管理してよいかが見極められません。プロセスの目的ともいえる付加価値を明確にすることが大切なのです。

④**指標**：プロセスが適切に運用されているかどうか、すなわちプロセスアプローチが適切かどうかを判断する指標を明確にします。

例えば、製造プロセスであれば、不適合品率、生産効率、納期遵守率、製造起因の苦情件数などが設定されるでしょう。指標を設定し、その指標を満たしていなければ、プロセス運用の何かが悪いということになります。

⑤**管理項目**：正しく間違いのないアウトプットにするための押さえどころやポイントのことです。インスタントラーメンの例における管理項目は、ゆでる湯の量、ゆでる温度、ゆでる時間、スープの湯の量、麺の湯切りの十分さなどがあります。

⑥**管理基準**：押さえるべきポイントである管理項目のねらいを示すものです。どの範囲であればよいかの基準です。例えば、ゆでる温度を96℃以上とし、ゆでる時間を2分50秒以上3分10秒以内という具合です。

⑦**管理方法**：管理項目が管理基準を満たしているかどうかを確認する方法のことです。例えば、ゆでる温度を温度計で測るとか、ゆでる時間をタイマーで確認するなどです。

⑧**管理手順**：正しく間違いのないアウトプットとするために必要な手順は何かを明確にします。手順が文書化されていれば、手順書となります。手順書があれば手順が可視化されてわかりやすくなり、何か問題

があったときも、どの手順が悪かったのか、どのように変えていけばよいのかがわかりやすくなります。ただし、手順書は必要以上に作り込むと手順が複雑になるので注意が必要です。

⑨**管理記録**：プロセスアプローチを実施するにあたり、計画どおり実施されたかどうかの証拠として、必要な記録を残すことが大切です。PDCAを回すことで改善を進めますが、計画（P）どおりに実施（D）できていたのかどうかがわからなければ、改善のしようがありません。そのときに記録があれば、実施していないのに実施したことにしたり、改ざんしたりするなどの悪意がないかぎり、実施・未実施が明確になります。

⑩**人（力量、認識）**：プロセスを運用するのは人です。その人がプロセスを運用するにあたり、必要な知識及び技能がなければ、ねらいどおりのアウトプットが望めません。正しく間違いのないアウトプットとするために必要な知識及び技能、つまり力量が求められます。この力量をもたせたり、必要事項を認識させたりすることを確実にしなければなりません。

⑪**インフラストラクチャ**：正しく間違いのないアウトプットに必要なインフラストラクチャを明確にし、維持管理します。インフラストラクチャには、設備、試験設備、監視測定機器、作業環境、電気・ガス・水道などのユーティリティなどが該当します。設備などではメンテナンス方法を明確にすべきですし、監視測定機器などでは、校正などで妥当性を確認しなければなりません。

プロセスの目分析では、上記の11項目を明確にします。

図表 5-7　プロセスの目分析の概要

プロセスの目分析（11 項目）	
①インプット	必要なインプットを明確にする。
②アウトプット	アウトプットは何か、あるべき姿は何かを明確にする。
③付加価値	付加される価値は何かを明確にする。
④指標	プロセスアプローチが適切かどうかの指標を明確にする。
⑤管理項目	正しく間違いのないアウトプットとするために必要な押さえどころ、ポイントを明確にする。
⑥管理基準	管理項目のねらいを設定する。
⑦管理方法	管理基準を満たしているかどうかを判断する方法を明確にする。
⑧管理手順	正しく間違いのないアウトプットとするために必要な手順を明確にする。
⑨管理記録	計画どおり実施したのかどうかを判断するための記録を明確にする。
⑩人（力量、認識）	正しく間違いのないアウトプットとするために必要な力量や認識すべきことを明確にする。
⑪インフラストラクチャ	正しく間違いのないアウトプットとするために必要なインフラストラクチャを明確にし、維持する。

◆ リスクの目分析

プロセスの運用において、リスクの目分析で計画しておくべきこと、つまり前もって決めておくべきことは、プロセスの目分析同様に 11 項目あります。

その 11 項目を事前に決めて実施し、仮に問題があれば、その 11 項目のどれかを変えて改善していきます。これもプロセスの目分析と同じ考え方です。

リスクの目分析における管理すべき 11 項目とは、①内部への影響、②外部への影響、③リスク源、④指標、⑤管理項目、⑥管理基準、⑦管理方法、⑧管理手順、⑨管理記録、⑩人の弱さ、⑪インフラストラクチャの弱さです。

①**内部への影響**：内部への影響とは、内部で影響を受けるリスクのことを指します。労働安全衛生リスクは内部への影響といえます。品質コンプライアンスリスクにおける内部の影響には、「後工程への悪影響」「モチベーションの低下」「外部に影響しない法規制の未遵守」などがあります。

②**外部への影響**：外部に影響を与えるリスクです。地球温暖化など環境リスクの多くは外部への影響となります。品質コンプライアンスリスクにおける外部への影響には、「法令違反」「仕様未達製品の流出」などがあります。

③**リスク源**：リスクの要因のことです。代表的なことに資格認定者以外の検査実施、検査データの改ざんがあります。これらのリスクの要因が源になって品質コンプライアンスリスクが発生するため、リスクの要因を「リスク源」といいます。例えば、インスタントラーメンを調理する際に、麺をゆでている最中に電話がかかってきて夢中で話をしていたら、お湯が蒸発し、麺が焦げて燃え上がり、最悪火事になったりすることなどです。リスクは「火事」で、そのリスク源は「調理中に目を離す」になります。リスク源は、環境マネジメントシステムでは「環境側面」、労働安全衛生マネジメントシステムでは「危険源」、食品安全マネジメントでは「ハザード」と呼ばれています。

④**指標**：リスクの未然防止が適切にできているかどうか、つまりリスクアプローチが適切かどうかを判断する指標を明確にします。

⑤**管理項目**：リスク源に対する押さえどころやポイントのことです。例えば、調理中に急な用事ができた場合は、必ず火を止めることにします。「ガスコンロの火」が管理項目になります。

⑥**管理基準**：⑤管理項目の「ねらい」を示すものです。どの範囲であればよいかの基準です。例えば、「ガスコンロの火」の場合は、必ず消さなければならないので、「確実な消火」という具合です。

⑦**管理方法**：管理項目が管理基準を満たしているかどうかを確認する方法のことです。例えば、「確実な消火」とした場合、確実に消化でき

たのかどうかを目で確認しなければなりません。そうなると管理方法は目視ということになります。

⑧**管理手順**：リスクアプローチを確実に実行するために必要な手順は何かを明確にします。手順が文書化されていれば、手順書となります。プロセスアプローチ同様にリスクアプローチにおいても、手順書は必要以上に作成することはよくありませんが、手順書によって手順が可視化されるのでわかりやすいうえに、何か問題が生じたとき、どの手順が悪かったのか、どのように変えていけばよいのかがわかりやすくなります。

⑨**管理記録**：プロセスアプローチと同様にリスクアプローチの運用において、計画どおりに実施されたかどうかの証拠として、必要な記録を残すことが大切です。これもプロセスアプローチと同様に、PDCAを回すことで改善が進みます。計画（P）どおりに実施（D）できていたのかどうかがわからなければ、改善のしようがありません。そのときに記録があれば、実施してないことが実施となったり、改ざんしたりするなどの悪意がないかぎり、実施・未実施が明確になります。

⑩**人の弱さ**：人は、嘘をついたり、手抜きをしたり、ルールを守らなかったりすることがあります。それぞれのプロセスで起こり得る人の弱さを洗い出すことで、新たなリスクを想定したり、管理すべきことを見直したりします。

⑪**インフラストラクチャの弱さ**：インフラストラクチャにも弱さは存在します。設備などが突然故障したり、落雷などにより電気が突然使えなくなったりします。これらのことで、新たなリスクを想定したり、管理すべきことを見直したりします。ラーメン調理の例では、最近増えている自動消火機能付きガスコンロを採用することでリスクが回避できます。

リスクの目分析では、上記の11項目を明確にします。

図表 5-8　リスクの目分析の概要

リスクの目分析（11 項目）	
①内部への影響	組織内部で発生するリスクを明確にする。
②外部への影響	組織外部で発生するリスクを明確にする。
③リスク源	リスクの要因を明確にする。
④指標	リスクアプローチが適切かどうかの指標を明確にする。
⑤管理項目	リスク源に対する押さえどころ、ポイントを明確にする。
⑥管理基準	管理項目のねらいを設定する。
⑦管理方法	管理基準を満たしているかどうかを判断する方法を明確にする。
⑧管理手順	リスクアプローチを確実に実施するために必要な手順を明確にする。
⑨管理記録	計画どおり実施したのかどうかを判断するための記録を明確にする。
⑩人の弱さ	人にかかわる弱さを明確にする。
⑪インフラストラクチャの弱さ	インフラストラクチャにかかわる弱さを明確にする。

◆ プロセスの目・リスクの目分析

各プロセスに対して、プロセスの目分析とリスクの目分析を実施することで、広義のプロセスアプローチが実施できるようになります。プロセスの目分析とリスクの目分析を合わせて、「プロセスの目・リスクの目分析」といいます。

この2つの目でプロセスに向き合うのですが、注意すべき点は管理項目の対象です。**プロセスの目分析での管理項目は、「正しく間違いのないアウトプットをするための押さえどころ（ポイント）」**でした。

一方、**リスクの目分析での管理項目は、「リスク源」**となります。

図表 5-9　プロセスの目分析とリスクの目分析の注意点

プロセスの目分析（11 項目）
①インプット
②アウトプット　★
③付加価値
④指標
⑤管理項目　★
⑥管理基準
⑦管理方法
⑧管理手順
⑨管理記録
⑩人（力量、認識）
⑪インフラストラクチャ

リスクの目分析（11 項目）
①内部への影響
②外部への影響
③リスク源　★
④指標
⑤管理項目　★
⑥管理基準
⑦管理方法
⑧管理手順
⑨管理記録
⑩人の弱さ
⑪インフラストラクチャの弱さ

プロセスの目・リスクの目分析では、ツールとして「プロセスの目分析シート」と「リスクの目分析シート」を使用します。これらを①から⑪まで順番に検討し、明確にしていきます。

ただし、リスクの目分析シートでは、リスクを考慮しながら、先にリスク源の洗い出しを行います。なぜなら、結果であるリスクは、リスク源が特定されないと想定できないからです。リスク源は管理できても、リスクは発生してしまったら直接管理はできません。まずは、リスク源を洗い出すことが大切です。

リスク源は第２部第６章で解説するリスクアセスメントにより、重大なリスク源を決定します。その重大なリスク源を管理していくことがリスクアプローチになります。

正しく間違いのないアウトプットを得るため、リスクを未然防止するために、**このプロセスの目・リスクの目分析シートを作成することによって、プロセスアプローチとリスクアプローチ、つまり広義のプロセスアプローチが可視化できます。**

プロセスの目分析シートやリスクの目分析シートは、プロセスを可視化する文書であるため、「文書化したプロセス」ということになります。

図表 5-10　プロセスの目分析シート

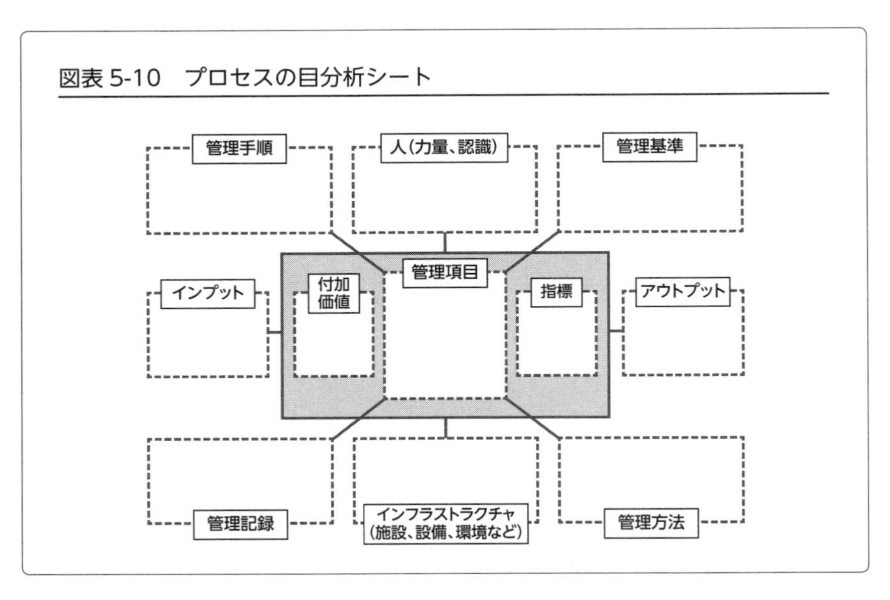

図表 5-11　リスクの目分析シート

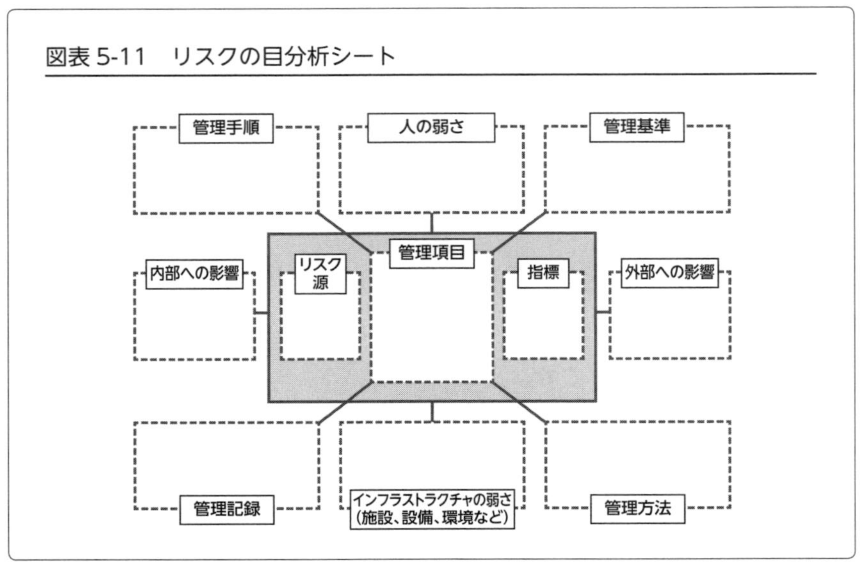

簡単な事例として、ラーメン調理プロセスでプロセスの目・リスクの目分析シートを作成してみましょう。

図表 5-12　ラーメン調理プロセスのプロセスの目分析シート

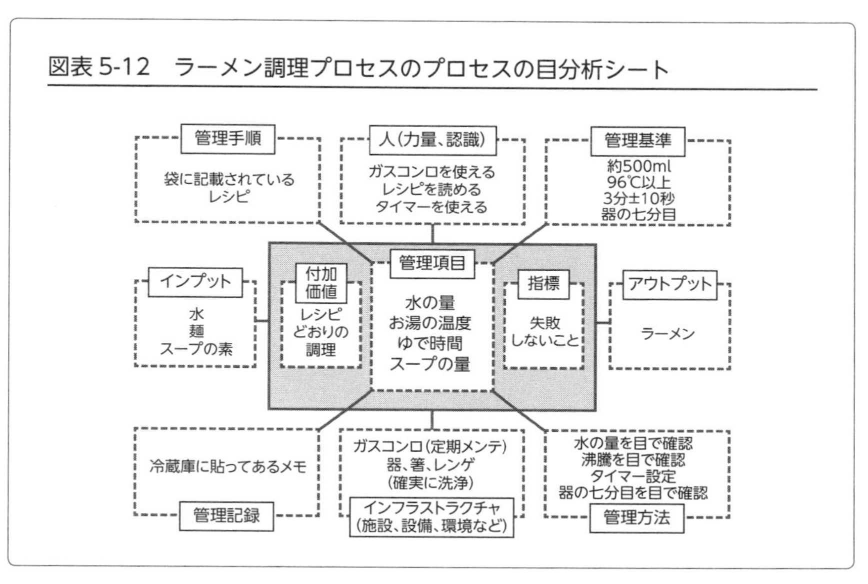

図表 5-13　ラーメン調理プロセスのリスクの目分析シート

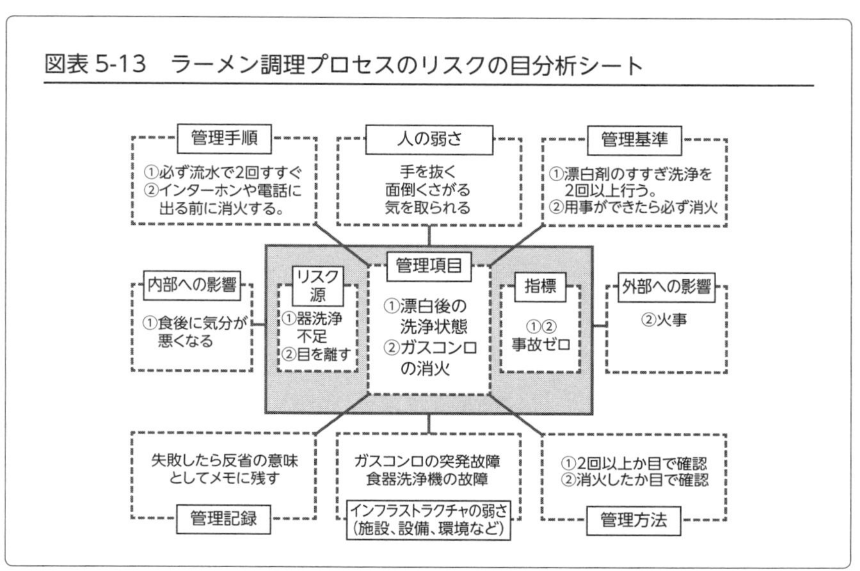

プロセスの目・リスクの目分析シートを埋めていくことで、ラーメン調理プロセスのプロセスアプローチが簡単にできました。

組織には多くのプロセスがあるので、プロセスアプローチの一覧表があると便利です。図表5-14はプロセスアプローチ一覧表の様式例です。プロセスの詳細さは組織によって様々で規模が大きくなるほど、プロセスが細分化されていきます。

図表5-14は製品実現プロセスのためのプロセスアプローチ一覧表ですが、他には運営管理プロセス（方針展開プロセス、内部監査プロセスなど)、支援プロセス（是正処置プロセス、教育プロセスなど）まで明確にしているものもあります。

図表 5-14　プロセスアプローチ一覧表

プロセスの目分析

プロセス		インプット	アウトプット	付加価値	指標	管理項目	管理基準	管理方法	管理手順	管理記録	人 （力量、認識）	インフラストラクチャ
製品実現プロセス	営業プロセス											
	開発プロセス											
	製造プロセス											
	購買プロセス											
	検査プロセス											
	出荷プロセス											
	物流プロセス											

リスクの目分析

プロセス		内部への影響	外部への影響	リスク源	指標	管理項目	管理基準	管理方法	管理手順	管理記録	人の弱さ	インフラストラクチャの弱さ
製品実現プロセス	営業プロセス											
	開発プロセス											
	製造プロセス											
	購買プロセス											
	検査プロセス											
	出荷プロセス											
	物流プロセス											

第 6 章

品質コンプライアンス リスクアセスメントの実施

前章では、リスクアプローチを実施することでプロセスアプローチが達成できることを説明しました。そのポイントはリスクの要因であるリスク源を管理しようというものでした。

しかし、リスク源は様々あり、すべてを同じように対応することは困難です。品質コンプライアンスリスクに対しても、リスクアセスメントに基づくリスクマネジメントの実施が必要です。

1 ›› 品質コンプライアンスリスクアセスメントの進め方

①リスク源を洗い出す

まずは、品質コンプライアンスリスクに関連するリスク源を洗い出します。リスクは「起こり得る失敗」ともいえるので、やるべきことをやらない、ごまかす、手を抜くなどのような失敗の元を探すことになります。

検査プロセスの場合､「資格認定者以外による検査実施」「検査未実施」「検査データの改ざん」などがリスク源として想定されます。このプロセスでは、**できるだけ多くリスク源として想定することが大切で、考えに考えて、考え尽くしたということが安心感にもつながる**のです。

②リスクを決定する

次に、リスク源に対してリスクを決定しますが、リスクには内部の影響と外部の影響があるので、どちらの影響かを考慮しながら、リスクを決定します。リスクは結果ですので、悪い結果を想定して何が起こるのかを考えるとよいでしょう。

③リスクを評価する

続いて、リスクを評価（アセスメント）をします。**リスクアセスメントは結果の重大性と可能性によって行います。**評価基準は別途作成します。重大性と可能性によって優先度が決まります。優先度の高いものについて管理対象とします。どの程度の優先度であれば、管理対象とするかは別途定めます。**管理対象となったリスク源に対し、どのように管理していくのかを決定します。**

対応方法の例として、**「目標展開」「運用管理」「監視測定」**があります。

目標展開とは、リスク源の管理を大幅に改善したい、あるいは計画的に進めないと実現が難しいものに対して、品質目標に設定し、品質目標達成計画に落とし込んで実施していくものです。

運用管理とは、リスクの目分析でリスクアプローチを実施することで、特に運用手順を定め、手順どおりに実施することに重点を置きます。

監視測定とは、目標展開や運用管理まではできないものの、監視測定だけは確実に行おうというものです。どのように管理していくのかは、各プロセスで策定し、品質コンプライアンス委員会などで審議し、最終的には品質コンプライアンス管理責任者もしくは品質管理責任者が決定します。

品質コンプライアンスに対するリスクアセスメントに使用する様式例を図表6-1に示します。内外部の影響の欄の“I/O”とは、内部への影響をI、外部への影響をOとしています。内部、外部の両方への影響がある場合は、I/Oとします。

図表6-1　品質コンプライアンスリスクアセスメントシート様式例

プロセス	リスク源	内外部への影響		リスク評価			管理対象	対応方法		
		リスク	I/O	重大性	可能性	優先度		目標展開	運用管理	監視測定

リスクアセスメントは、どのような方法で行ってもかまいません。FMEA（Failure Mode and Effect Analysis；故障モード影響解析）の手法を取り入れてもよいですし、環境マネジメントシステムを運用している組織では、著しい環境側面を特定する手順を参考にしてもよいでしょう。

2 »リスクアセスメントの実施方法

リスクアセスメントは、リスク源による影響がどの程度重大なのか、起こり得る可能性はどの程度なのかといったように、通常は定性的に判断します。これを定性的ではなく、誰がやっても同じような結果になるように定量的にも判断します。

しかし、定量化が困難な場合は話し合いで決めるなど、定性的に判断しても問題ありません。

図表 6-2 は品質コンプライアンスリスク評価基準の例です。これを参考に、それぞれの組織に合わせた評価基準を設定されるとよいでしょう。

この事例では、重大性に応じて評価基準を金額でも表していますが、これは組織のキャッシュフローがどの程度の健全性をもっているかによって異なります。よって、金額は組織のキャッシュフローの状態に基づき設定します。

また、金額を設定せず、どの程度の損害になるのかを会議等で検討したうえで、定性的に決定しても問題ありません。評価することに焦点が当たりすぎて肝心な活動に目が行き届かないようなことは避けなければなりません。

図表 6-2　品質コンプライアンスリスクアセスメント基準の例

項　目	点数	評価基準
重大性	5	組織の存続が危ぶまれる程の損害を与える（〇億円以上）／法令・規制要求事項に対する不適合
	4	重大な損害となる（〇億円～〇億円程度）
	3	中程度の損害となる（〇億円～〇億円程度）
	2	軽微な損害となる（〇億円以下）
	1	損害はほとんどない
可能性	5	内部告発など何らかのきっかけがない限り顧客においても気づかない（顧客には社会も含む）
	4	顧客で検出される
	3	組織内／後プロセスで検出できる
	2	自プロセスで検出できる
	1	発生・流出する可能性がほとんどない

3 » リスクアセスメントの実施事例

リスクアセスメントは、これでなければ絶対にいけないという方法はなく、それぞれの組織にあった方法を選択するようにします。

ここで紹介する事例のプロセスは大まかな単位になっていますが、実際にはもう少し細かなプロセス、部門、業務ごとの単位になります。また、運営管理プロセス、支援プロセス、製品実現プロセスとありますが、製品実現プロセスに重点をおいて進めるとよいでしょう。

図表 6-3　品質コンプライアンスリスクアセスメント例（運営管理プロセス、支援プロセス）

プロセス		リスク源	内外部への影響		リスク評価			管理対象	対応方法		
			リスク	I/O	重大性	可能性	優先度		目標展開	運用管理	監視測定
運用管理プロセス	方針展開プロセス	設計目標達成のごまかし	法令・規制要求事項不適合	O	5	5	25	●			○
		設計目標達成のごまかし	設計者の意欲低下	I	2	2	4				
		部下への実現不可能な目標設定	部下の意欲低下 / 健康被害	I	2	2	4				
		部下への目標未達成への圧力	部下の意欲低下 / 健康被害	I	2	2	4				
		目標達成のごまかし	士気低下	I	3	3	9				
	内部監査プロセス	不正の未検出	顧客の信頼喪失	O	5	5	25	●	○		○
		不正の未検出	不正の助長	I	5	5	25	●	○		○
		不正をあえて見逃す	顧客の信頼喪失	O	5	5	25	●	○		○
		不正をあえて見逃す	不正の助長	I	5	5	25	●	○		○
		監査員の人員と力量不足	顧客の信頼喪失	O	4	2	8				
		監査員の人員と力量不足	不正の助長	I	4	2	8				
支援プロセス	是正処置プロセス	報告書のみで実態を伴わない	問題の継続発生	I/O	4	4	16	●		○	○
		原因の深掘りができていない	問題の再発	I/O	3	3	9				
		QMS の変更まで至らない	同じような問題の再発	I/O	3	3	9				
		顧客へのうその報告	顧客での問題の継続発生	O	5	4	20	●		○	○
		供給者からのうその報告	会社での問題の継続発生	I	4	3	12	●		○	○
	教育プロセス	教育の未実施	力量、認識不足	I	3	3	9				
		教育の未実施	従業員の絶望、離職	I	3	3	9				
		教育の有効性の欠如	パフォーマンスの低下	O	3	4	12	●	○		○
		教育の機会の不均一	パフォーマンスのばらつき	O	3	4	12	●	○		○
		教育の機会の不均一	従業員の不満、離職	I	3	3	9				

図表 6-4　品質コンプライアンスリスクアセスメント例（製品実現プロセス）

プロセス		リスク源	内外部への影響		リスク評価			管理対象	対応方法		
			リスク	I/O	重大性	可能性	優先度		目標展開	運用管理	監視測定
製品実現プロセス	営業プロセス	実現不可能な案件の受注	顧客の信頼喪失	○	5	4	20	●		○	○
		実現不可能な案件の受注	設計、製造部門への負担	I	5	3	15	●		○	○
		コストを無視した受注	会社の利益圧迫	I	4	3	12	●		○	○
		生産能力を無視した受注	製造部門への負担	I	3	3	9				
		顧客要求の丸飲み	会社の負担増、利益圧迫	I	4	3	12	●			○
	設計プロセス	試験データのごまかし	顧客仕様未達	○	5	4	20	●	○	○	○
		試験データのごまかし	法令違反	○	5	5	25	●	○	○	○
		試験データのごまかし	設計者の意欲低下	I	2	3	6				
		適用法規制の未認識	法令違反	○	5	5	25	●	○	○	○
		適用法規制の展開不足	法令違反	○	5	5	25	●	○	○	○
		設計管理の手抜き	設計品質の低下 / 仕様未達	○	4	5	20	●	○	○	○
		設計管理の手抜き	設計者の意欲低下 / 離職	I	2	3	6				
		製造部門への圧力	製造部門への負担	I	3	3	9				
	購買プロセス	供給者への過剰な製品上の要求	供給者の負担	○	3	3	9				
		供給者への過剰な製品上の要求	供給者の撤退	I	3	3	9				
		供給者への過剰な管理上の要求	供給者の負担	○	3	3	9				
		供給者への過剰な管理上の要求	供給者の撤退	I	3	3	9				
		供給者に対する不当な扱い	法令違反	○	5	5	25	●	○	○	○
	製造プロセス	作業標準の未遵守	不適合製品の発生	I/O	3	3	9				
		作業標準の未遵守	作業者の意欲低下	I	2	3	6				
		実施を伴わない記録	不適合製品の発生	I/O	3	3	9				
		実施を伴わない記録	作業者の意欲低下	I	2	3	6				
		力量未達の要員による作業	不適合製品の発生	○	3	3	9				
		力量未達の要員による作業	労働災害の発生	I	5	3	15	●		○	○
	検査プロセス	資格認定者以外による検査	法令・規制要求事項不適合	○	5	5	25	●	○	○	○
		検査未実施	仕様未達品の外部流出	○	4	4	16	●		○	○
		検査未実施	仕様未達品の後工程流出	I	3	2	6				
		検査データの改ざん	検査員の意欲低下	I	2	5	10	●			○
		検査データの改ざん	仕様未達品の外部流出	○	5	5	25	●	○	○	○

第 7 章

品質コンプライアンスにおける プロセスアプローチの活用

1 ›› リスクアプローチの活用

前章で説明した品質コンプライアンスリスクのアセスメント結果をもとに、第２部第５章で説明したプロセスアプローチを活用して、品質コンプライアンスリスクに対応します。プロセスアプローチには、狭義のプロセスアプローチと広義のプロセスアプローチがあることは先述しました。

図表 7-1　狭義のプロセスアプローチと広義のプロセスアプローチ（再掲載）

	種　類	目　的
プロセスアプローチ（広義）	プロセスアプローチ（狭義）	顧客満足／品質保証
	リスクアプローチ	リスクの未然防止

ここでは、リスクアプローチの活用について解説します。品質コンプライアンスリスクアセスメントで特定した優先度の高いリスク源について、リスクの目分析シートを使って、リスクアプローチを実施します。

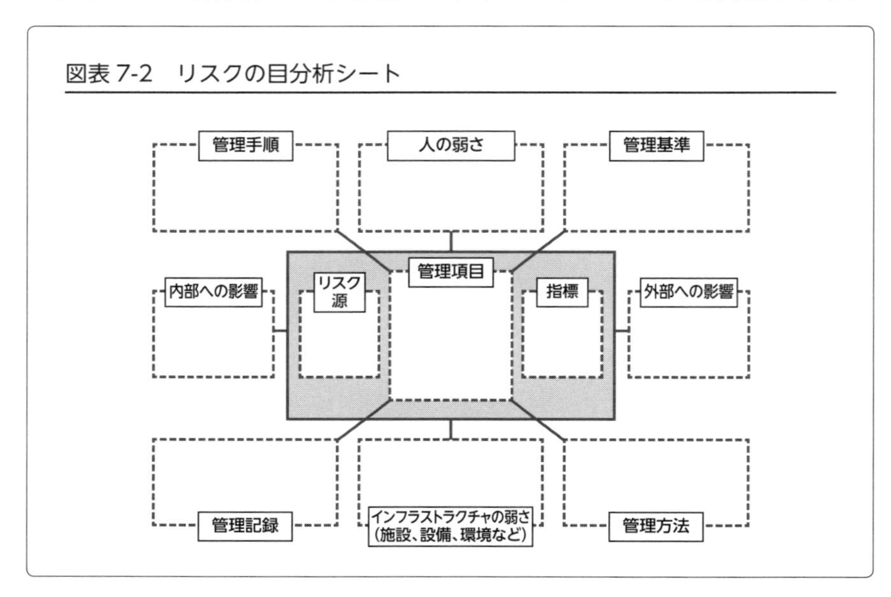

2 »品質コンプライアンスリスクに対するリスクの目分析

◆ リスクの目分析（リスク源、内部・外部への影響）

第２部第６章の製品実現プロセスの例（157 ページ参照）を使って、リスクの目分析をします。ここでは、製品実現プロセスのうち、検査プロセスで考えてみましょう。

まず、管理対象となったリスク源には、資格認定者以外による検査実施、検査未実施、検査データの改ざんがあります。

図表 7-3　検査プロセスのリスク分析結果

プロセス		リスク源	内外部への影響		リスク評価			管理対象	対応方法		
			リスク	I/O	重大性	可能性	優先度		目標展開	運用管理	監視測定
製品実現プロセス	検査プロセス	①資格認定者以外による検査	①法令・規制要求事項不適合	O	5	5	25	●	○	○	○
		②検査未実施	②仕様未達品の外部流出	O	4	4	16	●		○	○
		②検査未実施	②仕様未達品の後工程流出	I	3	2	6				
		③検査データの改ざん	③検査員の意欲低下	I	2	5	10	●			○
		③検査データの改ざん	③仕様未達品の外部流出	O	5	5	25	●	○	○	○

この３つのリスク源とそれぞれの内部・外部への影響をリスクの目分析シートの「リスク源」「内部への影響」「外部への影響」欄に記入します。リスク源と内部・外部への影響との関連をわかりやすくするために①②③などの番号を振ります。図表 7-3 の事例では、「①資格認定者以外による検査」というリスク源に対して、「①法令・規制要求事項不適合」という外部への影響との関連がわかるように、それぞれ番号①を振っています。

次に、指標について考えます。指標は、リスクアプローチが正しく機能しているかどうかを判断するためのものです。リスクアプローチの目的は、未然防止のため、指標は「発生件数ゼロ」や「不正ゼロ」などとなります。**事故や不正は無いのが当たり前なので、指標は「ゼロ」となるのが通常**です。図表7-3では、リスク源の①資格認定者以外による検査、②検査未実施、③検査データの改ざん、に対する指標となるため、①②③いずれも「発生件数ゼロ」となります。この指標をリスクの目分析シートの指標欄に記入します。

図表 7-4　リスクの目分析シート（リスク源、内部・外部への影響、指標）

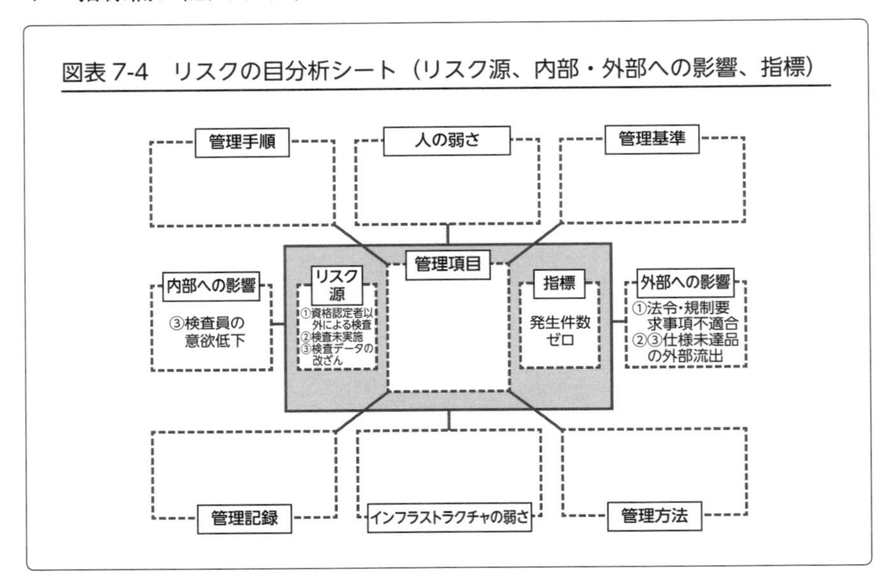

◆ リスクの目分析（管理項目、管理基準、管理方法、管理手順、管理記録）

①管理項目を設定する

ここでは、管理対象としたリスク源に対する対応方法に着目します。リスク源に対する対応方法として、「目標展開」「運用管理」「監視測定」があることを先述しました（153ページ参照）。

目標展開：リスク源の管理を大幅に改善したい、あるいは計画的に進めないと実現が難しいものに対して、品質目標に設定し、品質目標達成計画に落とし込んで実施していくこと。

運用管理：リスクの目分析でリスクアプローチを実施することで、特に運用手順を定め、手順どおりに実施することに重点を置くこと。

監視測定：目標展開や運用管理まではできないものの、監視測定だけは確実に行おうとすること。

目標展開は、技術的・経済的にすぐには対応できないものが対象で、目標達成を計画立てて進めていくことでした。図表7-4の事例では、①資格者以外による検査、③検査データの改ざんが目標展開を選択していますが、①資格者以外による検査を防止するために、例えば、顔認証システムを導入しようとすると相応の時間と工数がかかるため、目標展開で対応することになります。③検査データの改ざんについても、測定データを保存し、書き換えができないようなシステムを導入しようとすると、これも相応の時間と工数がかかるため、目標展開で対応することになります。**今すぐには対応できないが目標に向かって取りかかっている場合は、リスクの目分析シートには、識別して記入する**ことになります。目標展開のために目標達成計画を綿密に立てなければならないことは言うまでもありません。

リスク源の対応方法の運用管理、監視測定については、リスクの目分析が有効なツールとなります。これを使って、リスク源の押さえどころ（ポイント）を明確にします。

まず、①資格者以外による検査に対する管理項目には何があるかを検討します。管理項目としては「資格の有無」が挙げられます。検査を行うにあたり、求められている資格がなければならないのは当然です。

次に、②検査未実施です。この管理項目は「検査未実施の有無」が挙げられます。

③検査データの改ざんについても、改ざんしないのが当然なので、管理項目としては「改ざんの有無」が挙げられます。これらの管理項目をリスクの目分析シートの管理項目の欄に記入します。

②管理基準を設定する

リスク源に対する管理項目を設定した後には、管理項目のねらいである管理基準を設定しなければなりません。管理項目は、①検査員資格の有無、②検査未実施の有無、③改ざんの有無でした。

したがって、管理基準は「①検査員資格があること」「②検査未実施がないこと」「③改ざんがないこと」になります。これらをリスクの目分析シートの管理基準の欄に記入します。

③管理方法を設定する

管理方法とは、管理項目に設定した事項が管理基準を満たしているかどうかを確認する方法のことでした。管理基準が、「①検査員資格があること」「②検査未実施がないこと」「③検査データの改ざんがないこと」であるため、それぞれを確認する方法を検討します。

①検査員資格があることに関しては、検査員資格者の顔写真の入った認定証を現場に掲示し、検査員資格者のヘルメットの色を変えることで、検査員資格者が検査を実施しているのかどうかを始業時、終業時及び交替時に管理者が確認することとします。また、顔認証システムの導入を目標展開で計画します。

②検査未実施がないことに関しては、検査データ（実測データ）と検査結果記録を管理者がチェックをすることで対応します。また、管理者が適切にチェックしているかどうかを内部監査でチェックします。

③検査データの改ざんがないことに関しては、管理者がデータ入力の履歴について時期を決めて（管理者がランダムに決める）チェックします。また、管理者が適切にチェックしているかどうかを内部監査でチェックします。これらをリスクの目分析シート（管理方法）の欄に記入します。内部監査によるチェックは内部監査プロセスにおいて記入することとします。

④管理手順を明確にする

リスク源を適切に管理するために必要な手順を明確にします。手順書を作成することが必須ではありませんが、目で見てわかれば、より効果的です。

①資格認定者以外による検査については、その手順を関係者で検討のうえ、検査員資格認定に関しては「検査員資格管理規定」など、管理者

のチェックに関しては「検査管理規定」などに追加します。

②検査未実施については、確実に検査を実施する手順を明記した「検査管理規定」に追加します。

③検査データの改ざんについては、管理者のチェックに関して「検査管理規定」に追加をします。

これらはあくまでも一例ですので、組織に合わせて文書化されるとよいでしょう。既存の文書を活用するのもよいですし、「品質コンプライアンス規定」のように品質コンプライアンスに関する管理手順をまとめた手順書を作成するのもよいでしょう。将来的に「品質コンプライアンス規定」の作成計画があれば、リスクの目分析シートに斜字または赤字などで記入し、識別します。

このように今はないけれども、この先必要と判断し、準備しなければいけないものも識別して記入しておくと確実な計画遂行につながります。

以上の内容をリスクの目分析シートの管理手順欄に記入します。

⑤管理記録を残す

リスク源の管理を実施したことの確証を得るために記録を残します。必ずしも記録がなければならないということではありませんが、PDCAを適切に回すためにもDの確証を得ることが大切です。

①資格認定者以外による検査では「検査員資格認定者リスト」「検査員資格チェック記録」、②検査未実施については「検査記録」「検査実施チェック記録」、③検査データの改ざんについては「検査履歴チェック記録」が該当するでしょう。

これらをリスクの目分析シートの管理記録欄に記入します。

図表 7-5　リスクの目分析シート（管理項目、管理基準、管理方法、管理手順、管理記録）

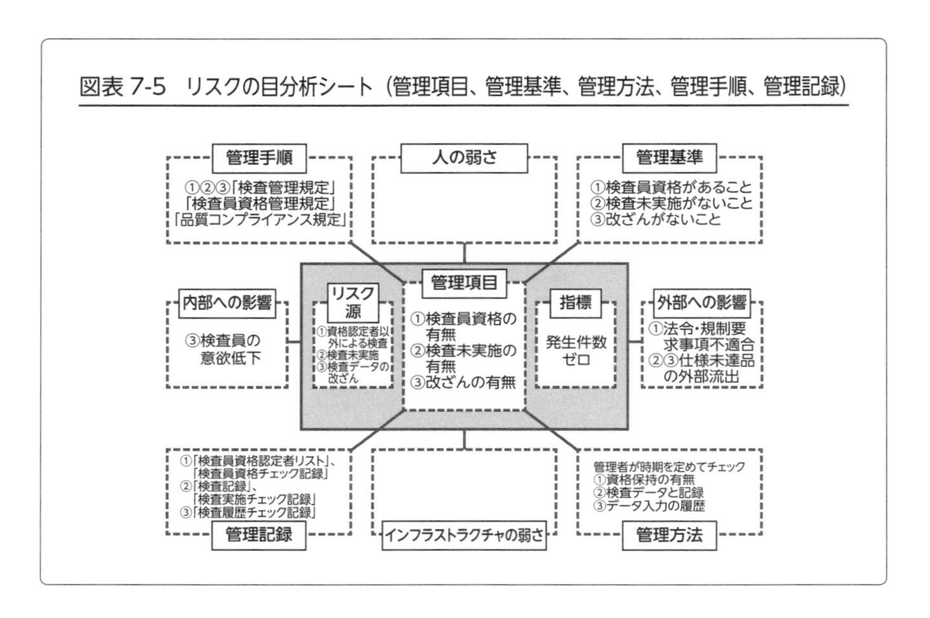

◆ リスクの目分析シート（人の弱さ、インフラストラクチャの弱さ）

最後に、検査プロセスにおける人の弱さ、インフラストラクチャの弱さを洗い出します。

人の弱さで多いこととしては、業務多忙時の「手抜き」があります。また、他部門からのプレッシャーによる検査データ改ざんなどの「うそをつく」も多いといえます。あるいは、職場への不満などから「開き直り」や、「検査員の慢性的不足」などがあります。これらをリスクの目分析シートの「インフラストラクチャの弱さ」の欄に記入します。

インフラストラクチャの弱さとしては、「検査機器の不足」「検査機器の突発的故障」が考えられます。顔認証システムの導入を予定しているのであれば、「顔認証システムのダウン」が考えられます。これは、今後の計画のことなので、リスクの目分析シートには識別のため、斜字で記します。これらをリスクの目分析シートのインフラストラクチャの弱さの欄に記入します。

これらの弱さから、実施すべきことで不足はないかを再確認し、リスクの目分析を終了します。

図表 7-6　リスクの目分析シート（人の弱さ、インフラストラクチャの弱さ）

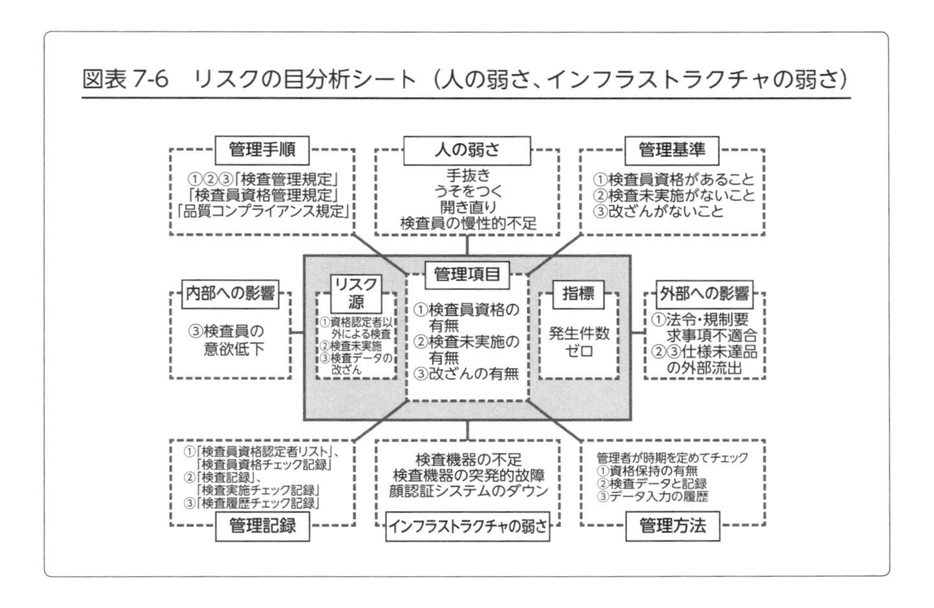

3 »プロセスアプローチの実施

ここでのプロセスアプローチは、広義のプロセスアプローチを指します。つまり、狭義のプロセスアプローチとリスクアプローチを併せて実施することで、広義のプロセスアプローチを実施し、より有効な品質コンプライアンス対応を目指します。

通常は、狭義のプロセスアプローチから実施し、その後にリスクアプローチを実施します。

◆ 事例における狭義のプロセスアプローチの進め方

狭義のプロセスアプローチの進め方は、プロセスの目分析シートを使用しながら、現状の運用管理方法を関係者で整理し、もし不足している部分に気づきがあれば、少し時間をかけて検討し、追加していきます。

それでは、事例の検査プロセスの狭義のプロセスアプローチを実施していきましょう。

①プロセスの目分析シート「インプット・アウトプット・付加価値・指標」への記入

検査プロセスのインプットとアウトプットを明確にします。あくまでも事例ですので、組織ごとに異なることをご理解ください。

インプットは、検査プロセスへの検査指示になりますので、「検査依頼書」があります。また、検査対象である「検査前製品」があります。アウトプットは、検査結果を記録した「検査成績書」、検査後の製品である「検査後製品」があります。これらをプロセスの目分析シートのインプット欄とアウトプットを欄にそれぞれ記入します。

次に付加価値ですが、これはプロセスに求められることで、目的でもあります。検査プロセスに求められているのは、適合品を適合と不適合品を不適合と正しく判断することです。したがって、付加価値は、「正確な合否判断」となります。この付加価値を理解し共有することで、プロセスのさらなる改善へとつながります。プロセスの目分析シートの付加価値欄に記入します。

指標については、検査プロセスが正しく機能しているかどうかを判断することになります。検査ミスによる不適合品の流出、適合品の廃棄は避けなければなりません。検査ミスはないのが基本ですので、「検査ミスゼロ」が指標となります。プロセスの目分析シートの指標欄に記入します。

図表 7-7　プロセスの目分析シート（インプット・アウトプット・付加価値・指標）

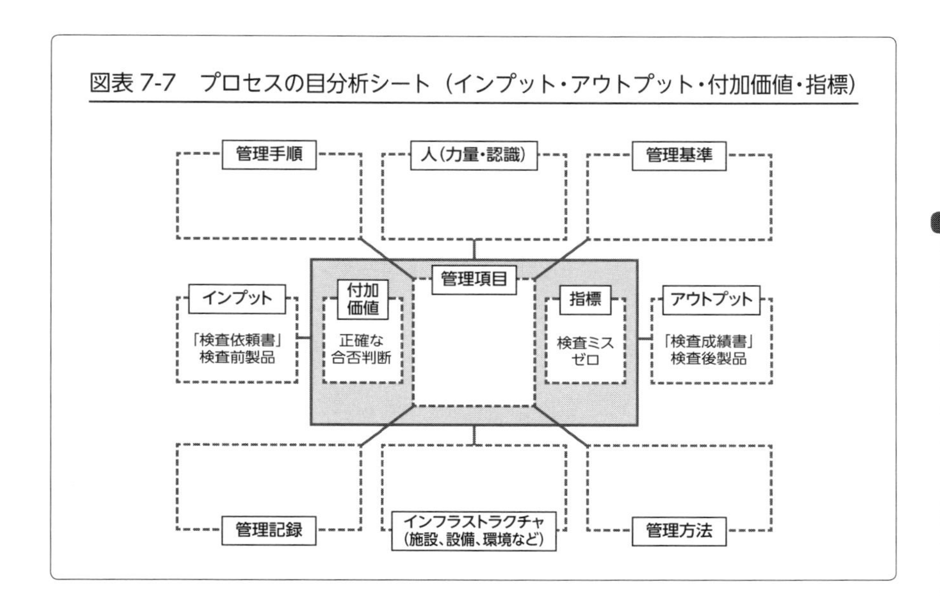

②プロセスの目分析シート「管理項目・管理基準・管理方法・管理手順・管理記録」への記入

管理項目は、正しく間違いのないアウトプットとするための押さえどころになります。検査プロセスでは、正確な合否判断をするために明確にしておかなければならないのは、「検査仕様書に定められた検査項目」とします。検査仕様書には、検査をすべき品質特性と基準が示されており、検査をすべき品質特性を間違いなく把握し、測定や試験を行い、それらのデータを合否判定基準と照合して判断します。「検査仕様書に定められた検査項目」をプロセスの目分析シートの管理項目欄に記入します。

管理基準は検査基準であり、検査基準は「検査仕様書」に定められているため、「検査仕様書」とします。

管理方法は、検査プロセスにおいては、検査そのものになりますので、検査方法が該当します。検査方法は、「検査管理規定」に定められています。

管理手順は、正しく間違いのないアウトプットとするための手順ですので、検査の具体的手順となります。これは、「検査作業標準書」に明確にされています。リスクの目分析で明確にされた、「検査員資格管理規定」も管理手順に該当します。

管理記録は「検査成績書」とともに、どの検査を誰がどれだけやったのか、その結果も含めて「検査日報」が作成されていますので、これも該当します。さらにリスクの目分析で明確にされた「検査員資格認定リスト」も該当します。プロセスの目分析、リスクの目分析で共通の文書、記録は両方に記載します。

以上の内容をプロセスの目分析シートの「管理基準」「管理方法」「管理手順」「管理記録」のそれぞれの欄に記入します。

図表 7-8　プロセスの目分析シート（管理項目・管理基準・管理方法・管理手順・管理記録）

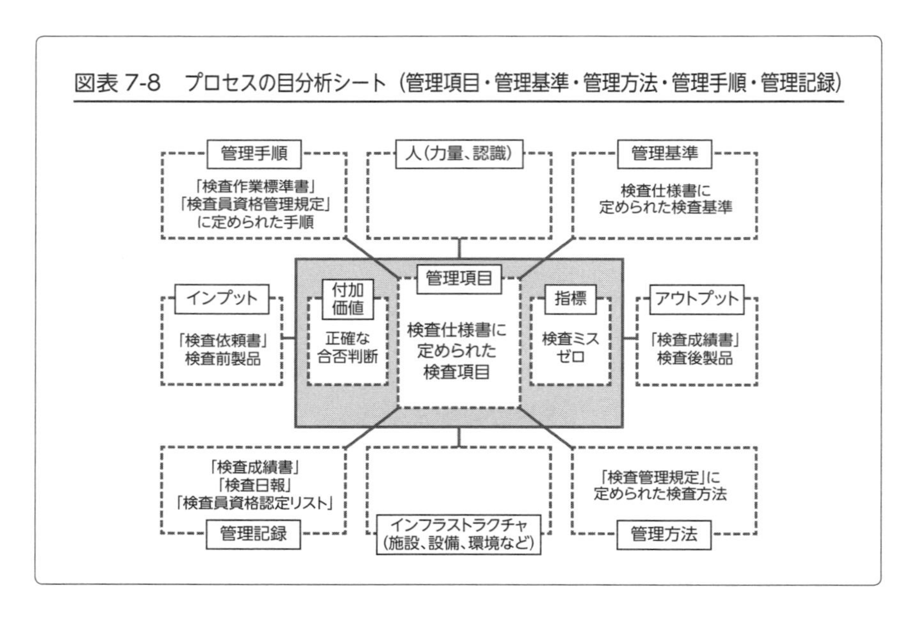

③プロセスの目分析シート「人・インフラストラクチャ」の記入

プロセスを運用するために必要な人の力量や認識、施設、設備、作業環境などのインフラストラクチャを明確にし、維持管理を行います。検査プロセスでは、リスクの目分析でも出てきましたが、認定された検査員資格が必要となります。

インフラストラクチャに関しては、検査機器、測定機器、測定室の環境が該当し、「検査・測定機器リスト」が用意されています。測定室の環境については「測定室環境基準」が設定されています。維持管理に関しては「検査・測定機器管理規定」「検査・測定機器点検記録」「検査・測定機器校正記録」「測定室温度管理表」によって行われています。

以上の内容をプロセスの目分析シートの「人（力量・認識）」「インフラストラクチャ」欄にそれぞれ記入します。

図表 7-9　プロセスの目分析シート（人、インフラストラクチャ）

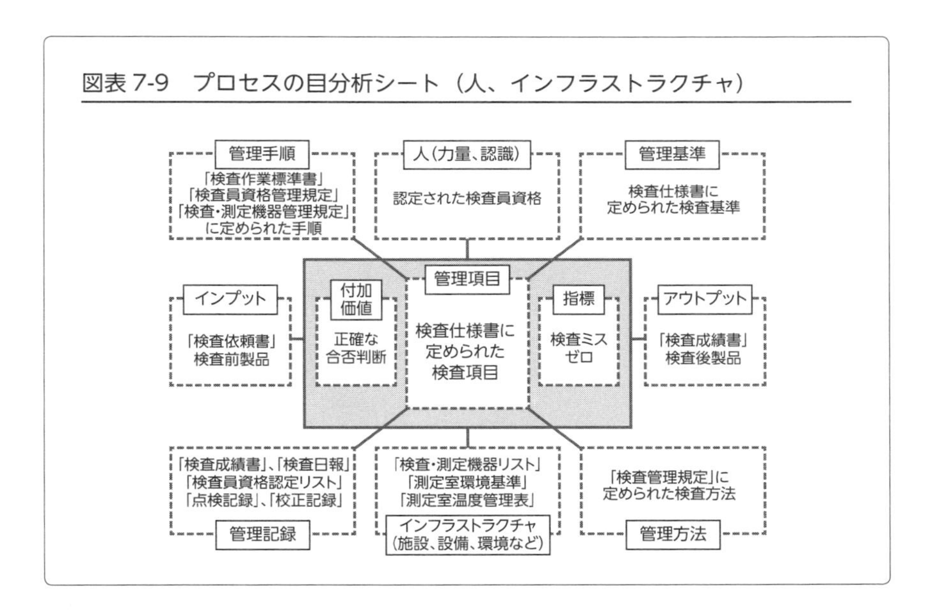

◆ プロセスの目とリスクの目のさらなる改善

以上で検査プロセスのプロセスアプローチが整理でき、プロセスの運用方法が可視化され、目で見てわかるようになったことになります。

実は大切なのはこれからで、プロセスの目分析シートやリスクの目分析シートを作成するのが目的ではなく、PDCA を回して、さらなる改善をしていくことです。それにより、プロセスの目とリスクの目の２つの目でプロセスに向き合い、より良い結果を得るように努めます。

プロセスの目分析シートとリスクの目分析シートをアレンジしてみると目のかたちになります。もともとはこの目のかたちから、プロセスの目、リスクの目と名付けられたのですが、これを２つ並べるとまさしく両目になり、この両目でプロセスに向き合います。そして、品質コンプライアンスについても、プロセスの目とリスクの目の２つの目によって対応します。

図表 7-10　プロセスの目・リスクの目

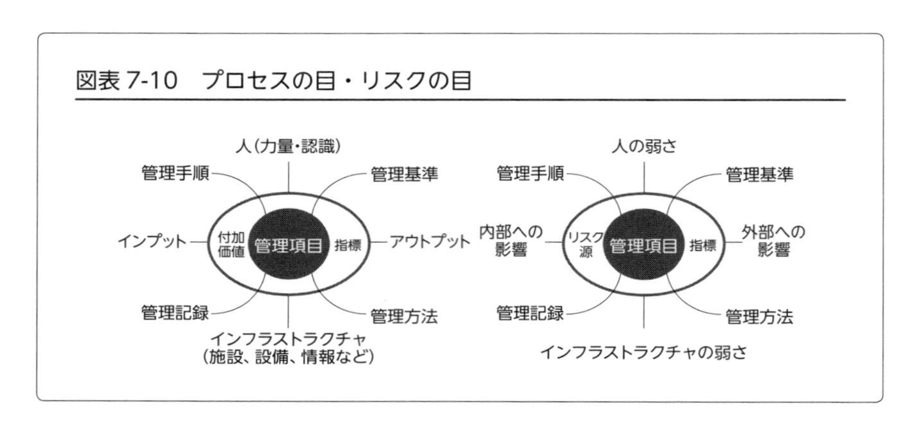

このプロセスの目・リスクの目には、それぞれ 11 項目、あわせて 22 項目あります。もし､プロセスを運用していて指標を満たさなかったり、何か問題があったりした場合は、この 22 項目の何かに原因があるはずです。この 22 項目について、原因を掘り下げていけば、真の原因に突き当たります。

結果として、22 項目の何かを変えることが大切で、それがプロセスアプローチをさらに強化することになります。

このPDCAを限りなく回し続けることが大切で、それができる組織のみがプロセスとそのつながりである品質マネジメントシステムを強化できるのです。

第 8 章

プロセスアプローチ監査の有効活用

この章では、有効な監査手法であるプロセスアプローチ監査（プロセス監査）の品質コンプライアンスへの活用について解説します。

まず、プロセスアプローチ監査とは何かを理解し、品質コンプライアンスにどのように活用すべきかを理解してください。

1 »プロセスアプローチ監査とは

プロセスアプローチ監査とは、**プロセスに焦点を当てた監査のことで、プロセスの改善を促進することを目的**としています。

品質マネジメントシステムの監査というと、文書や記録に重点を置きがちでした。適切な版の文書が配付されているか、必要な記録が取られているかどうかに意識が向き、プロセスや品質マネジメントシステムに焦点が当てられていない状況でした。そのため、記録漏れ、記録忘れなど記録の不備ばかりが監査結果として報告され、プロセスや品質マネジメントシステムの改善につながる指摘がほとんど出ないような状況に陥ることが多く報告されました。

このような状態から脱却するために、プロセスアプローチ監査の理解と実践が求められるのです。

◆ プロセスアプローチ監査のイメージ

広義のプロセスアプローチ監査では、狭義のプロセスアプローチとリスクアプローチの２つを満たさなければなりません。

図表 8-1　プロセスアプローチ監査のイメージ

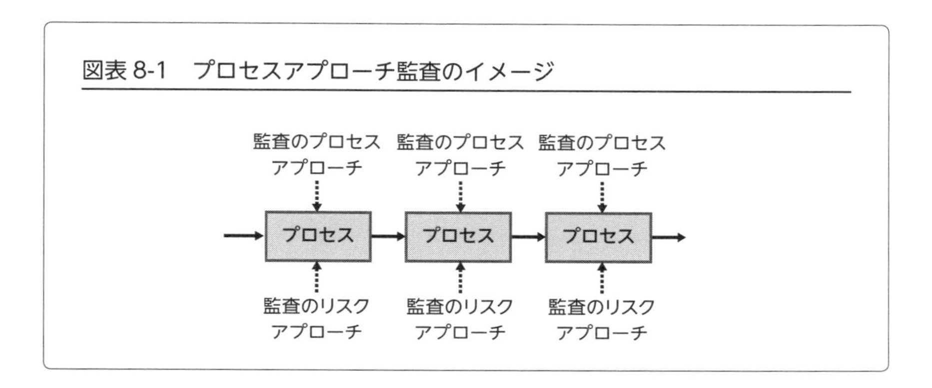

監査のプロセスアプローチとはプロセスの目で監査を行うことであり、監査のリスクアプローチとはリスクの目で監査を行うことです。このとき、品質コンプライアンスリスクアセスメントを含むリスクマネジメントについても、その適切性や妥当性を内部監査で確認しなければなりません。

品質コンプライアンス違反には3つのケースがあり、それぞれに対応方法があることを先述しました（20ページ参照）。

図表 8-2　品質コンプライアンス違反の対応方法（再掲載）

	違反の内容	対応方法
ケース 1	品質マネジメントシステムの未遵守	品質マネジメントシステムの強化
ケース 2	品質マネジメントシステムの不備	品質マネジメントシステムの強化
ケース 3	品質マネジメントシステム水面下での不正	品質マネジメントシステムの強化 品質コンプライアンスに関するリスクマネジメント

ケース1の品質マネジメントシステムの未遵守とケース2の品質マネジメントシステムの不備については、品質マネジメントシステムの強化で対応できることを説明しました。この品質マネジメントシステムを強化するために、監査があります。特に、組織内では内部監査が該当しま

す。ケース３についても、品質マネジメントシステムの強化と品質コンプライアンスに関するリスクマネジメントにより対応できることを説明しました。

すべてのケースにおいて、品質マネジメントシステムの強化が求められており、有効な監査の実施が重要となるのです。

◆ 通常型監査との違い

通常型監査とは、品質マニュアルや規定などからチェックリストを作成し、チェックリストに従って順番に確認項目にチェックを入れていく方式の監査です。監査基準を満たしているかどうか、つまり適合しているかどうかに重点を置いているため、「適合性監査」などと呼ばれています。

この監査方式では、チェックリストを埋めていく作業に没頭することで、品質マネジメントシステムに潜んでいる悪さや弱さが抽出しにくくなる弊害があります。よく問題となるのは、記録がルールになっていると、記録を残すことに注力することで表面だけのチェックに陥ってしまうことです。これは、健康診断で医師が顔色だけを見て判断するようなもので、それでは身体に潜んでいる病気を見つけ出すという目的が達成できません。

つまり、品質マネジメントシステムの監査は文書・記録の表面的なものだけ確認しても、潜んでいる悪さや弱さを発見することはできないということです。

適合性監査の他に、「有効性監査」があります。**有効性監査とは、品質マネジメントシステムがそもそもの目的を満たせるような仕組みになっているかどうかに重点を置いた監査のこと**です。プロセスや品質マネジメントシステムをより改善するためにも、有効性監査の観点は重要となります。

図表 8-3　通常型監査とプロセスアプローチ監査の比較

	通常型監査	プロセスアプローチ監査
目　的	要求事項（規定）との適合性維持	有効性向上プロセス改善
重　点	ともすれば文書・記録	プロセスの“悪さ、“弱さ”の検出
監査のアプローチ	項目別アプローチ	プロセスアプローチ

♦ 監査のポイント

品質マネジメントシステムの強化と改善のためには有効な監査が欠かせません。それには、監査のポイントを踏まえて実施することがポイントです。

このときの監査のポイントには２つあります。

１つは、**「計画どおり実施されているか？」「ねらった結果が得られているか？」**という観点です。つまり、「品質マネジメントシステムの取り決めやルールがそのとおり実施されているか？」「自ら設定した目標の達成や指標を満たしているかどうか？」の観点です。

品質マネジメントシステムの強化・改善のためにはPDCAを確実に回すことが重要であることは何度も述べましたが、それには、まずはＰ（計画）どおりにＤ（実施）することが大前提です。Ｐ（計画）どおりにＤ（実施）できていなければ、品質マネジメントシステムのＰ（計画）を強化・改善することはできません。品質コンプライアンス違反のケース１である品質マネジメントシステムの未遵守は、ここが重要ポイントです。

もう１つのポイントは、**品質マネジメントシステムが「ニーズ・期待を満たせるような適切な仕組みか？」**という観点です。つまり、品質マネジメントシステムへの様々なニーズ及び期待に対して、確実に満たすことができる有効な仕組みやプロセスになっているかの観点です。品質コンプライアンス違反のケース２である品質マネジメントシステムの不備については、ここが重要なポイントになります。この様々なニーズ及び期待の中に品質コンプライアンスの遵守が含まれているのです。

図表 8-4　監査のポイント

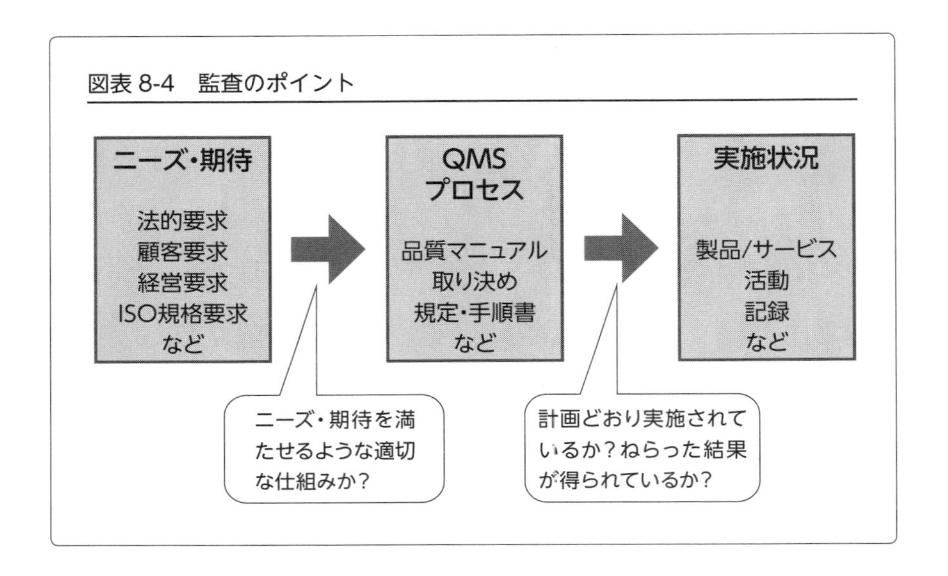

2 » プロセスアプローチ監査の品質コンプライアンスへの有効活用

プロセスアプローチ監査は、より良い結果を得るためにプロセスの改善、品質マネジメントシステムの改善を目的としていますが、品質コンプライアンス監査にも有効です。

◆ 品質マネジメントシステムの未遵守への監査

監査ポイントである「計画どおりに実施されているか？」「ねらった結果が得られているか？」の観点から監査を有効に機能させることができれば、ケース１の品質コンプライアンスの未遵守を防ぐことが可能となります。品質マネジメントシステムの未遵守は、実際は実施していないのにもかかわらず、記録だけは残している場合が多く、記録の確認だけでは検出が難しくなります。

したがって、**プロセスアプローチ監査では、実際の実施場面を観察します**。記録があれば、その記録どおりに実施したことを再度実施することで確認ができます。例えば、「設備点検表」にチェックの記録があったとして、その一つずつ実際に点検して、チェックの結果と照らし合わせることで確認ができます。すべての作業は確認できませんが、現場を観察しながら、大変そうな作業、面倒な作業、時間がかかりそうな作業に的を絞ることで効率的に監査ができます。

また、当日の作業だけでなく、過去の作業にも遡って確認する必要があります。これには、監査証拠のサンプリングが大切になってきます。**監査証拠を確認するときの注意点は、出されたものを見るのではない**ということです。これは、監査する側からサンプルを指定して確認するということです。

例えば、監査員が「作業記録を見せてください」と言って、出されたファイルをめくって確認するのは出されたものを見ることになり、避けなければなりません。この場合は、前もって製品とロット No. などの製品を特定できる識別子を選択しておいて、その製品のそのロット No. に関連する作業記録を確認しなければなりません。その作業記録に記録されていた人の力量を確認したり、その日の設備点検記録を確認したり、そのときに使用された測定機器の校正記録を確認したりというように、同じロット No. の記録などをトレースを取りながら確認していきます。

このトレースを取りながら進める監査のことを**「トレース監査」**といいます。場合によっては、過去の記録であっても疑わしい兆候が見られたら、実際にもう一度実施してもらって確認します。

図表 8-5　トレース監査の例

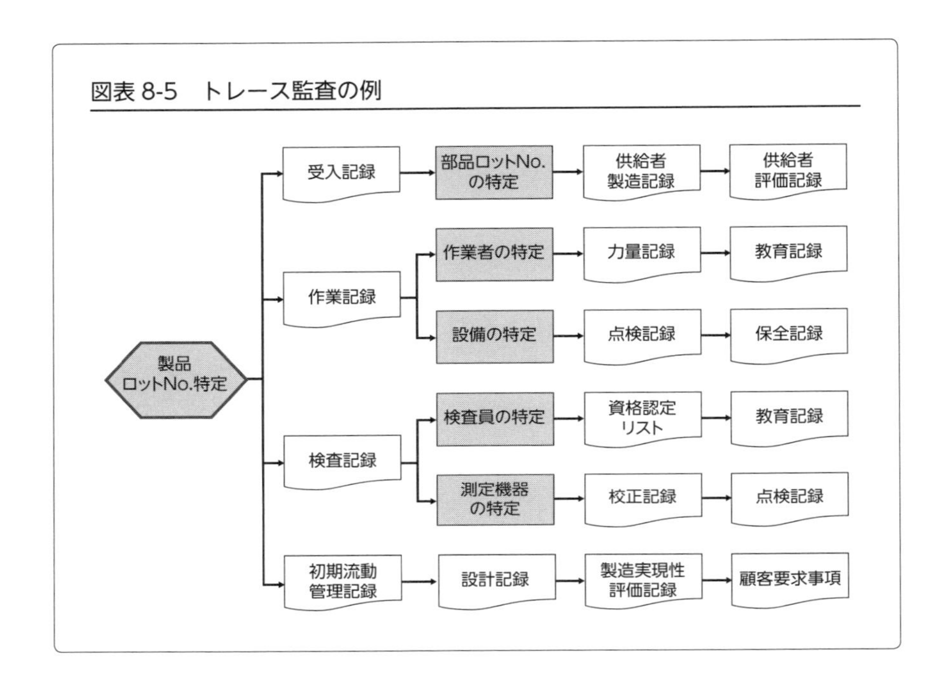

◆ 品質マネジメントシステムの不備への監査

品質マネジメントシステムの不備に関しては、品質マネジメントシステムそのものが適切であるかどうかを評価しなければなりません。監査のポイントの「ニーズ及び期待を満たせるような適切な仕組みか？」を監査するということです。

このとき、組織の品質マネジメントシステムに求められているニーズ及び期待にはどのようなものがあるのかを的確に把握する必要があるのですが、それにはまず組織の利害関係者を明確にしなければなりません。

利害関係者でまず挙げられるのは、顧客です。そして従業員、供給者、経営者、株主が挙げられるでしょう。そして忘れていけないのは、社会です。社会は組織の利害関係者であるという考え方をもつことが品質コンプライアンス対応にとって大変重要となります。顧客を裏切ることが、その先の社会を裏切ることにもつながります。

例えば、ビルディングなどの建築物に使用される鋼材のデータねつ造は、建築物の発注者を裏切るだけでなく、建築物を使用する人々、建築物の近隣に住む人々などを裏切ることになります。建築基準法などの法規制を満たしていなければ、行政や地域社会を裏切ることになります。

利害関係者が明確になったところで、それぞれのニーズ及び期待が何であるかを明らかにします。

顧客のニーズ及び期待

顧客が購入しようとしている製品に対する要求事項があります。これらは図面や仕様書などに明確にされることが多いでしょう。さらに、管理上の要求事項があります。管理上の要求事項とは、組織と組織との取引ではよくあることで、例えば重要な特性については、統計的工程管理を要求したり、出荷前の詳細な検査と記録の要求をしたりすることなどです。

従業員のニーズ及び期待

安全で衛生的な職場環境であることは当然として、やりがいや働きがいのある環境や、自分が成長できる機会が提供されることなどがあります。品質コンプライアンス面では、嘘や偽りのない誠実な職場環境の整備などです。

供給者のニーズ及び期待

継続的な発注や適性価格の維持などがあります。品質コンプライアンス面では、過剰な要求がないことなどです。

経営者のニーズ及び期待

競合会社に打ち勝つための新商品や新技術の開発、生産性向上による利益率向上などがあります。これらは経営方針に明確になっていることが多いものです。品質コンプライアンス面では、不正のない組織などです。

社会のニーズ及び期待

環境に配慮した事業運営と法規制の遵守などです。特に、法規制の遵守は強く求められています。

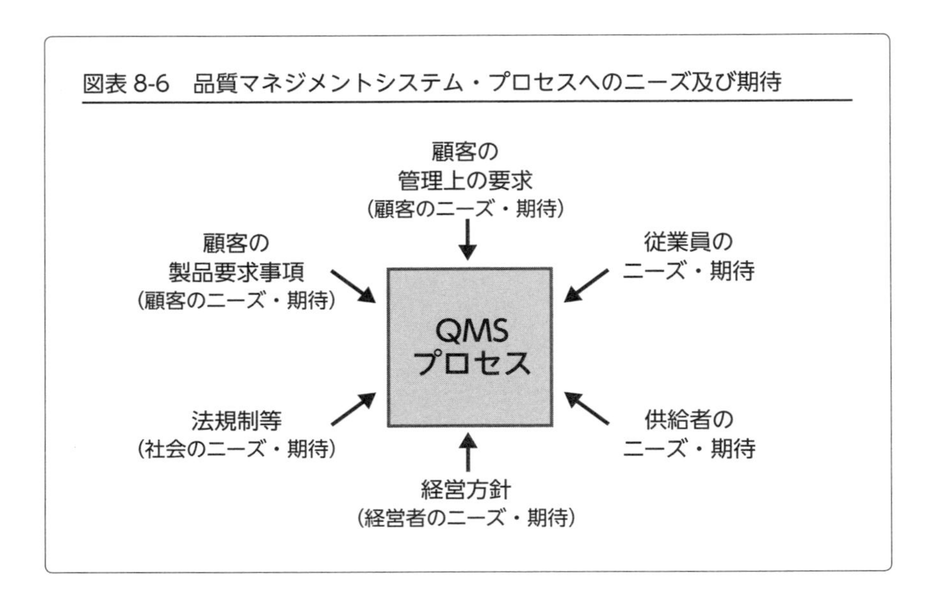

◆ プロセスアプローチ監査員に必要な力量

プロセスアプローチ監査を行うには、品質マネジメントシステムの基本的な考え方（ISO9001 などを含む）、プロセスアプローチに関しての知識（プロセスの目・リスクの目など）など基本知識は必須です。品質マネジメントシステムやプロセスのあるべき姿が想定できないようでは、仕組みの悪さや弱さを見出すことができないからです。よって、品質マネジメントシステムの基本やプロセスアプローチについて十分な教育を行うことが必要です。

さらに、品質マネジメントシステムに寄せられる様々なニーズ及び期待の理解があります。監査員教育などですべての監査員が共有し、理解していなければなりません。このとき、関連する法規制とその変更に関する情報を確実に入手して、組織内に展開できる仕組みが構築されていなければなりません。

品質コンプライアンスへの活用においては、前提条件となる４オーバー・３バッドについての理解が求められます。

次に、基本的な監査手法の実務知識が求められます。このときの監査手法には「質問」「観察」「レビュー（文書・記録の確認）」があります。特に、質問に関しては高いレベルのスキルが必要です。プロセスアプローチ監査では、現場（プロセス）の観察が必須です。会議室内で実施する監査では有効な結果が期待できません。現場で使える「監査証拠の特定」「監査所見（適合、不適合、改善の機会など）」「監査結論の導出」に至るまでの監査技術を身につけておく必要があります。先述したトレース監査の実務も必要です。

そしてプロセスアプローチ監査には、プロセスの目・リスクの目による監査は欠かせません。

図表 8-7　プロセスアプローチ監査に必要な力量

知　識	● 品質マネジメントシステムの基本的な考え方 ● プロセスアプローチに関する知識 ● 品質マネジメントシステムに寄せられている様々なニーズ・期待 ● 4オーバー・3バッド
技　能	● 基本的な監査手法（質問、観察、レビュー） ● 監査技術（監査証拠の特定、監査所見、監査結論など） ● トレース監査 ● プロセスの目・リスクの目による監査

3 » 製品監査による品質コンプライアンス違反の検出と抑止力

プロセスアプローチ監査では、プロセスや品質マネジメントシステムが対象となりますが、品質コンプライアンス対応のためには、製品監査の実施が有効です。

◆ 製品監査の監査対象

プロセスアプローチ監査を含む品質マネジメントシステム監査の対象

は、「プロセス」や「品質マネジメントシステム」であり、「製品」や「人」ではありません。ここで注意が必要ですが、「製品や人を対象としていない」とは監査をしないということではなく、製品や人にかかわる監査証拠を収集するものの、監査の基準となるのは品質マネジメントシステムやプロセスアプローチで取り決めたこと、品質マネジメントシステムに寄せられている様々なニーズ及び期待です。

一方、製品監査は、監査対象を特定した製品に絞ります。特定した製品が正しく製造され、正しく検査され、正しく梱包され、正しくラベリングされているかを実地で監査します。

◆ 製品監査の進め方

製品監査は、まず製品を特定することから始めます。そのうえで梱包、ラベリングが完了した出荷直前の製品をサンプリングします。毎回同じ製品の種類からサンプリングするのではなく、できるだけランダムに抽出します。

①製品のラベリングと梱包を確認する

まず、特定した製品が正しくラベリングされているか、正しく梱包されているか、梱包仕様書などで確認します。梱包仕様書自体が適切かどうかの確認も必要です。梱包仕様そのものが適切に決定されたのか、その客観的証拠も併せて確認します。

②製品検査が正しく行われているかを確認する

次に、製品検査が正しく行われたかどうかの確認です。実際に監査員がその製品を使用して検査を行い、検査記録と照合します。ここで、大きな差異があれば、検査員の力量や検査のやり方が不適切であったか、検査データの改ざんやごまかしが疑われます。このような場合は、さらにサンプルを増やして確認します。

③製造工程での工程管理を確認する

それから、対象となる製品が製造工程で正しく工程管理をされていたのかどうかを確認します。ロット No. などでトレースしながら、QC 工程表などの工程管理基準と記録を照合します。さらに、トレース監査により上流まで遡ります。部品や材料が仕様を満たしているかどうかまで、実際に検査を実施することが望まれます。供給者の品質コンプライアンス違反についての確認です。

以上が製品監査の基本的な進め方ですが、これまで発生した品質コンプライアンス違反による不正はこの製品監査を正しく機能させておけば、多くは防げたはずです。製品監査は不正を検出するだけでなく、抑止力にもなるからです。

図表 8-8　製品監査のフロー

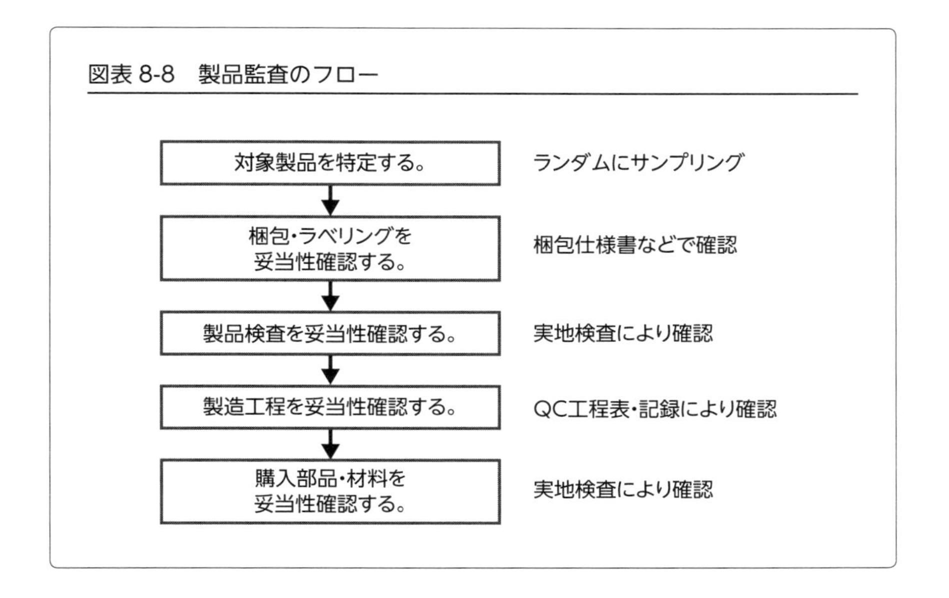

第9章

品質コンプライアンスマネジメントシステムの構築ステップ

品質コンプライアンスに対応した品質マネジメントシステムである品質コンプライアンスマネジメントシステムの構築ステップについて解説します。

◆ Step1　4オーバー・3バッドの現状調査

品質コンプライアンスの対応には、品質マネジメントシステムの強化と品質コンプライアンスリスクマネジメントの実践を確実に図ることが基本であり、これにより品質コンプライアンス違反による不正を防ぐことができるのです。

そこで、まずは品質コンプライアンス対応の前提条件でもある４オーバー・３バッドの現状調査を行います。そのために品質コンプライアンス委員会などを立ち上げて体制を整えます。前提条件が整っていなければ、この後の品質マネジメントシステムの強化や品質コンプライアンスリスクマネジメントの実践をいくら推進しても有効なものにはなりません。

よって、調査結果に基づき、改善すべき４オーバー・３バッドを計画的に取り除いていきます。

図表 9-1　Step 1 で実施すべきこと

Step 1	● 品質コンプライアンス対応の体制を整備する。 ● 4オーバー・3バッドを調査する。 ● 改善すべき4オーバー・3バッドを計画的に除去する。

◆ Step2　品質マネジメントシステムの強化

次に、品質マネジメントシステムの強化をします。現状の品質マネジメントシステムが形骸化しているのであれば、まずそれを立て直さなければなりません。

認証取得や認証維持が目的となっていると、審査さえ乗り切ればよいと考え、より良い品質マネジメントシステムに改善していこうという意識が欠落します。形骸化した品質マネジメントシステムを改善するのは大変なことであり、経営責任者を中心に全組織で取り組まなければならないほどです。そもそもISO認証維持と品質マネジメントシステムを維持・改善することの違いがわからない人が多いのが問題となる場合が多いようです。

図表9-2　ISO9001と品質マネジメントシステム

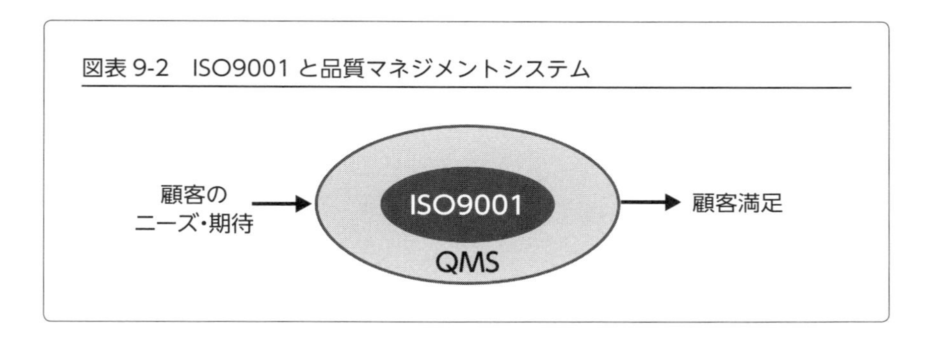

ISO認証の目的は、ISO9001を満たした品質マネジメントシステムが正しく運用されていることを利害関係のない第三者による証明を得ることにより、製品・サービスを購買しようとしている組織または個人が、安心して購買できる供給者または購買先を合理的・効率的に選択できることです。

一方、品質マネジメントシステムの目的は、顧客に安心感を与えるという品質保証に加えて、顧客のニーズ及び期待に応える仕組みをもち、顧客満足を達成し、組織の持続的発展に寄与しようというものです。

さらに、先述したとおり、様々な利害関係者のニーズ及び期待に応える品質マネジメントシステムへと発展させていくことです。

ISO9001はあくまでも品質マネジメントシステムの基礎となるもので、ISO9001を満たしても顧客満足が得られる品質マネジメントシステムになっていなければ、目的達成はできないということです。

よって、本来の品質マネジメントシステムの目的について、経営責任者を含め組織全体で再認識することが大切なのです。

図表 9-3　Step2 で実施すべきこと

Step 2	● 形骸化している品質マネジメントシステムを立て直す。 ● ISO認証と品質マネジメントシステムの目的の違いを経営責任者を含め、組織全体で理解する。 ● 組織として品質マネジメントシステムの目的を再認識する。

♦ Step3　品質マネジメントシステムの各要素において追加すべきことの検討

第２部第３章で説明した品質マネジメントシステムの各要素において追加すべきことを検討します。第２部第４章において、品質コンプライアンスマネジメントシステム要求事項として、ISO9001 をベースとして明確にしていますので、それを参照して、再構築することができます。

ISO9001 に追加となっている部分に着目して、検討すればわかりやすく効率的に進められます。

図表 9-4　Step3 で実施すべきこと

Step 3	● 品質マネジメントシステムの各要素において追加すべきことを検討する。 ● 品質コンプライアンスマネジメントシステム要求事項を参照して、品質マネジメントシステムを再構築する。

♦ Step4　プロセスアプローチの実施

Step4 は、プロセスアプローチの実施です。プロセスアプローチは品質マネジメントシステムの中心となる考え方ですが、理解しにくいこともあり、うまく運用している組織は少ないようです。

しかし、品質コンプライアンスの未遵守、不備、水面下の不正において品質マネジメントシステムの強化は必須であり、有効なプロセスアプローチの実践は欠かせません。そのためには、組織全体でプロセスアプローチとはどのようなものなのか、その考え方を理解する必要があります。

そのうえで、プロセスアプローチを可視化し、プロセスの目分析シート、リスクの目分析シートを使って、プロセスの目・リスクの目分析を行います。

図表 9-5　Step4 で実施すべきこと

Step 4	● プロセスアプローチの考え方を組織全体で理解する。 ● プロセスの目・リスクの目分析を実施する。 ● プロセスの目分析シート、リスクの目分析シートでプロセスアプローチを可視化する。

◆ Step5　品質コンプライアンスリスクアセスメントの実施

Step5 では第2部第6章で説明した品質コンプライアンスリスクアセスメントを実施します。

まずは製品実現プロセスのすべてのプロセスでリスクアセスメントを実施します。当面はそれでよいとして、製品実現プロセスのリスクアセスメントとその後のリスクアプローチが完了した後に、運営管理プロセスや支援プロセスに進むかどうかを検討します。

品質コンプライアンスリスクアセスメントによって、管理すべきリスク源が特定され、対応策が決定された後に、リスクアプローチを実施します。すでにリスクの目分析シートを作成している場合は、品質コンプライアンスに関連するリスク源が追加されることになります。品質コンプライアンスリスクに特化したものであれば、あらためてリスクの目分析シートを作成することになります。

図表 9-6　Step5 で実施すべきこと

Step 5	● 品質コンプライアンスリスクアセスメントを実施する。 ● 管理すべきリスク源に基づきリスクアプローチを実施する。 ● リスクの目分析シートに追加もしくは新規作成をする。

♦ Step6　プロセスアプローチの取り決めどおりの実践

プロセスの目分析シートで明確にされた狭義のプロセスアプローチとリスクの目分析シートで明確にされたリスクアプローチとで広義のプロセスアプローチを取り決めたとおりに実践します。

もし問題が発生したり、プロセスの目・リスクの目分析における指標を満たしていなかったりした場合は、取り決めた何かに問題の原因があるので、その原因を追究し、真の原因を特定して取り除きます。このとき、品質マネジメントシステムやプロセスに対して、継続してPDCAを回して改善していきます。これを**「継続的改善」**といいます。

図表 9-7　Step6 で実施すべきこと

Step 6	● プロセスアプローチを取り決めどおり実施する。 ● 問題が発生した場合や指標を満たさない場合にその原因を追究する。 ● 品質マネジメントシステムやプロセスに対して、PDCAを回して改善する。 ● PDCAを永遠に繰り返し、継続的改善を実施する。

♦ 構築ステップのまとめ

Step1 から Step6 までを組織全体で計画的に取り組むことで、品質コンプライアンスマネジメントシステムが構築できるのです。

図表 9-8　品質コンプライアンスマネジメントシステムの構築ステップ

Step 1	● 品質コンプライアンス対応の体制を整備する。 ● 4オーバー・3バッドを調査する。 ● 改善すべき4オーバー・3バッドを計画的に除去する。
Step 2	● 形骸化している品質マネジメントシステムを立て直す。 ● ISO認証と品質マネジメントシステムの目的の違いを経営責任者を含め、組織全体で理解する。 ● 組織として品質マネジメントシステムの目的を再認識する。
Step 3	● 品質マネジメントシステムの各要素において、追加すべきことを検討する。 ● 品質コンプライアンスマネジメントシステム要求事項を参照して、品質マネジメントシステムを再構築する。
Step 4	● プロセスアプローチの考え方を組織全体で理解する。 ● プロセスの目・リスクの目分析を実施する。 ● プロセスの目分析シート、リスクの目分析シートでプロセスアプローチを可視化する。
Step 5	● 品質コンプライアンスリスクアセスメントを実施する。 ● 管理すべきリスク源に基づき、リスクアプローチを実施する。 ● リスクの目分析シートに追加もしくは新規作成をする。
Step 6	● プロセスアプローチを取り決めどおり実施する。 ● 問題が発生した場合や指標を満たさない場合に、その原因を追究する。 ● 品質マネジメントシステムやプロセスに対して、PDCAを回して改善する。 ● PDCAを永遠に繰り返し、継続的改善を実施する。

付録1

品質コンプライアンスマネジメントシステム要求事項

ここでは、品質コンプライアンス対応の品質マネジメントシステムである品質コンプライアンスマネジメントシステムを構築、見直しする際のガイドラインを示します。品質マネジメントシステム要求事項であるISO9001に追加して示すことで、ISO9001に基づいて品質マネジメントシステムを運用している組織にとって取り組みやすくなることでしょう。

◉品質マニュアルへの反映

ほとんどの組織が品質マネジメントシステムの運用に際して、品質マニュアルを作成していることでしょう。品質マニュアルとは、「品質マネジメントシステムの仕様書」と定義されていて、品質マニュアルを見れば、品質マネジメントシステムがどのようになっているのか、その概要がわかるというものです。

したがって、品質マニュアルはISO9001などの要求事項を満たしていることを証明するための文書ではありません。よって、品質マニュアルの構成は、本来は品質マネジメントシステムを理解しやすいような組織独自の構成であるべきなのです。

品質コンプライアンスマネジメントシステム対応において、品質マニュアルの構成が組織独自の構成の場合は、品質コンプライアンスマネジメントシステム要求事項の追加部分を咀嚼して、必要に応じて品質マニュアルの適切な箇所に追加することでよいでしょう。ISO9001などの要求事項の構成に合わせて、品質マニュアルを構成している場合は、品質コンプライアンスマネジメントシステムの追加の部分をそのまま追加することで、簡単に対応することできます。

◉品質コンプライアンスマネジメントシステム要求事項の詳細

次ページより品質コンプライアンスマネジメントシステム要求事項を示します。□で囲まれた部分は、JIS Q 9001:2015の要求事項であり、その他の部分が品質コンプライアンス対応の追加要求事項となります。品質コンプライアンスマネジメントシステムは、広義の品質マネジメントシステムですので、要求事項の本文では、このQMS規格と表現しています。

品質コンプライアンスマネジメントシステム－要求事項：2019

Quality compliance management systems-Requirements:2019

序文

0.1　一般

JIS Q 9001:2015要求事項参照

0.2　品質マネジメントの原則

JIS Q 9001:2015要求事項参照

0.3　プロセスアプローチ

0.3.1　一般

JIS Q 9001:2015要求事項参照

0.3.2　PDCAサイクル

JIS Q 9001:2015要求事項参照

0.3.3　リスクに基づく考え方

JIS Q 9001:2015要求事項参照

0.4　他のマネジメントシステム規格との関係

JIS Q 9001:2015要求事項参照

品質マネジメントシステム－要求事項

1　適用範囲

JIS Q 9001:2015要求事項参照

1.1　適用範囲－品質コンプライアンスに対する補足

このQMS規格は、JIS Q 9001:2015要求事項に加えて、品質コンプライアンスへの対応を考慮した品質マネジメントシステム要求事項を定める。JIS Q 9001:2015要求事項を適用している組織に対して、品質コンプライアンスに取り組みやすいように工夫されている。

2　引用規格

JIS Q 9001:2015要求事項参照

2.1　引用規格及び参考規格

このQMS規格は、JIS Q 9001:2015要求事項をベースとして、環境マネジメントシステム規格JIS Q 14001:2015からも一部引用している。また、自動車産業品質マネジメントシステム規格IATF16949:2016、情報セキュリティマネジメントシステム規格JIS Q 27001:2014、食品安全マネジメントシステム規格JFS-C、リスクマネジメントー指針JIS Q 31000:2019を参考規格としている。

> **3　用語及び定義**
> JIS Q 9001:2015要求事項参照

注記：この要求事項で使用する用語の定義については、JIS Q 9000:2015、JIS Q 0073:2010及び次による。

3.1　品質コンプライアンス（quality compliance）

製品及びサービスに関して、顧客要求事項及び法令・規制要求事項を確実に満たすこと。

注記：品質コンプライアンスを満たさないことを品質コンプライアンス違反と言うことがある。

3.2　品質コンプライアンスマネジメントシステム（quality compliance management system）

品質コンプライアンスに対応した品質マネジメントシステム。

注記：品質マネジメントシステムは、JIS Q 9000:2015では、“品質に関するマネジメントシステムの一部”と定義されている。

3.3　4オーバー・3バッド（4over･3bad）

4オーバー・3バッドを取り除くことが、品質コンプライアンスマネジメントシステムの前提条件である。4オーバーとは、オーバースペック、オーバークオリティ、オーバープレシャー、オーバーローコストオペレーションを指す。3バッドとは、バッドアウェアネス、バッドロイヤルティ、バッドエスティメーションを指す。

3.4　プロセスの目・リスクの目分析（process and risk eyes analysis）

プロセスの目分析とリスクの目分析のこと。プロセスの目分析とは、プロセスの提供価値を最大化するための運用方法を可視化する手法。リスクの目分析とは、プロセスにおけるリスクを最小化するための運用方法を可視化する手法。

注記：プロセスの目・リスクの目分析で可視化されたものをプロセスの目分析シート、リスクの目分析シートと言い、これらは文書化されたプロセスでもある。

3.5　品質コンプライアンスリスクアセスメント（quality compliance risk assessment）

品質コンプライアンスに関連するリスク源を特定し、その影響を評価し、管理対象となる重要なリスク源を決定する手法。

注記：品質コンプライアンスリスクアセスメントは、他のリスクマネジメント（例えば、環境マネジメント、労働安全衛生マネジメント）と複合して実施されることがある。

3.6　プロセスアプローチ（process approach）

広義のプロセスアプローチと狭義のプロセスアプローチがある。狭義のプロセスアプローチとは、顧客満足及び品質保証などを目的として、プロセスに焦点を当てて運用管理していくこと。広義のプロセスアプローチとは、狭義のプロセスアプローチ及びリスクアプローチのことで、リスクアプローチとは、リスクの未然防止を目的として、プロセスに焦点を当てて運用管理していくこと。

注記：単に「プロセスアプローチ」と表現している場合は、広義のプロセスアプローチを意味する。

3.7　プロセスアプローチ監査（process approach audit）

プロセスアプローチの観点で、プロセスに焦点を当てて品質マネジメントシステム及びプロセスの改善すべき事項を検出する監査手法。

> **4　組織の状況**
> **4.1　組織及びその状況の理解**
> JIS Q 9001:2015要求事項参照。

4.1.1　品質コンプライアンスに関連する外部・内部の課題の明確化

品質コンプライアンスに関連する組織の外部・内部の課題を明確にし、組織内にその認識と対応について展開しなければならない。

4.2　利害関係者のニーズ及び期待の理解
　　JIS Q 9001:2015 要求事項参照。

4.2.1　品質コンプライアンスに関連する利害関係者の明確化

利害関係者には、社会（法令・規制要求事項）、顧客、外部提供者（供給者）、経営者、従業員を含めなければならない。

注記：利害関係者に株主、地域住民、行政機関などが含まれ得る。

4.2.2　品質コンプライアンスに関連するニーズ及び期待の明確化

4.2.1 で特定した利害関係者のニーズ及び期待を明確にしなければならない。それには品質コンプライアンスに関連するニーズ及び期待を含めなければならない。

4.3　品質マネジメントシステムの適用範囲の決定
　　JIS Q 9001:2015 要求事項参照。

注記：この要求事項をすべて適用することを基本とするが、組織の判断で部分的に適用してもよい。

4.4　品質マネジメントシステム及びそのプロセス
4.4.1
　　JIS Q 9001:2015 要求事項参照。

4.4.1.1　プロセスアプローチの文書化したプロセス

組織は、4.4.1 の要求事項にしたがって、文書化したプロセスを確立しなければならない。

注記：文書化したプロセスには、規定、手順書、作業指示書、動画、プロセスの目・リスクの目分析シートなどがある。

4.4.2
　　JIS Q 9001:2015 要求事項参照。
5　リーダーシップ
5.1　リーダーシップ及びコミットメント
5.1.1　一般
　　JIS Q 9001:2015 要求事項参照。

5.1.1.1　一般―補足

トップマネジメントは、次に示す事項によって、品質コンプライアンスマネジメントシステムに関するリーダーシップ及びコミットメントを実証しなければならない。

ａ）品質コンプライアンスマネジメントシステムの有効性に説明責任を負う。
ｂ）品質コンプライアンスマネジメントシステムに関する品質コンプライアンス方針及び品質目標を確立し、それらが組織の状況及び戦略的な方向性と両立することを確実にする。
ｃ）組織の事業プロセスへの品質コンプライアンスマネジメントシステム要求事項の統合を確実にする。
ｄ）プロセスアプローチ及びリスクアプローチに基づく考え方の利用を促進する。
ｅ）品質コンプライアンスマネジメントシステムに必要な資源が利用可能であることを確実にする。
ｆ）有効な品質コンプライアンスマネジメントシステム要求事項への適合の重要性を伝達する。
ｇ）品質コンプライアンスマネジメントシステムがその意図した結果を達成することを確実にする。
ｈ）品質コンプライアンスマネジメントシステムの有効性に寄与するよう人々を積極的に参加させ、指揮し、支援する。
ｉ）品質コンプライアンス対応への改善を促進する。
ｊ）品質コンプライアンスに対して、その他の関連する管理層がその責任の領域においてリーダーシップを実証するよう、管理層の役割を支援する。

5.1.2　顧客重視

JIS Q 9001:2015要求事項参照。

5.2　方針

5.2.1　品質方針の確立

JIS Q 9001:2015要求事項参照。

5.2.1.1　品質コンプライアンス方針の確立

トップマネジメントは、次に示す事項を満たす品質コンプライアンス方針を確立し、実施し、維持しなければならない。

ａ）品質コンプライアンス遵守のコミットメントを含む。
ｂ）品質コンプライアンスマネジメントシステムの継続的改善へのコミットメントを含む。

注記：品質コンプライアンス方針は単独であっても、品質方針に含めてもどちらでもよい。

5.2.2　品質方針の伝達 JIS Q 9001:2015 要求事項参照。

5.2.2.1　品質コンプライアンス方針の伝達

品質コンプライアンス方針は、次に示す事項を満たさなければならない。

a）文書化した情報として利用可能な状態にされ、維持される。

b）組織内に伝達され、理解され、適用される。

c）必要に応じて、密接に関連する利害関係者が入手可能である。

注記：品質コンプライアンス方針は、外部提供者にも適用することが望ましい。

5.3　組織の役割、責任及び権限 JIS Q 9001:2015 要求事項参照。

5.3.1　品質コンプライアンス管理責任者

トップマネジメントは、組織の管理層の中から品質コンプライアンス管理責任者を任命し、次の責任及び権限を与えなければならない。

a）品質コンプライアンスマネジメントシステムが、この規格の要求事項に適合することを確実にする。

b）品質コンプライアンスマネジメントシステムのパフォーマンス及び改善の機会を特にトップマネジメントに報告する。

c）組織全体にわたって、品質コンプライアンス遵守を促進することを確実にする。

d）品質コンプライアンスマネジメントシステムへの変更を計画し、実施する場合には、品質コンプライアンスマネジメントシステムを“完全に整っている状態”を維持することを確実にする。

6　計画 6.1　リスク及び機会への取組み 6.1.1 JIS Q 9001:2015 要求事項参照。

6.1.2　品質コンプライアンスリスクアセスメント

組織は、品質コンプライアンスに関するリスク源及びそれらに伴う内部及び外部への影響を決定しなければならない。

組織は、設定した基準を用いて、管理すべき重要なリスク源を決定しなければならない。組織は、必要に応じて、組織の種々の階層及び機能において、管理すべき重要なリスク源を伝達しなければならない。

組織は、次に関する文書化した情報を維持しなければならない。

―リスク源及びそれに伴う内部及び外部への影響

―管理すべき重要なリスク源を決定するために用いた基準

―管理すべき重要なリスク源

6.1.3　遵守義務

組織は、次の事項を行わなければならない。

a）組織のリスク源に関する遵守義務を決定し、参照する。

b）これらの遵守義務を組織にどのように適用するかを決定する。

c）品質コンプライアンスマネジメントシステムを確立し、実施し、維持し、継続的に改善するときに、これらの遵守義務を考慮に入れる。

組織は、遵守義務に関する文書化した情報を維持しなければならない。

6.1.4　取組みの計画策定

組織は、次の事項を計画しなければならない。

a）次の事項への取組み

1）管理すべき重要なリスク源

2）遵守義務

3）6.1.1で特定したリスク及び機会

b）次の事項を行う方法

1）その取組みの品質コンプライアンスマネジメントシステムプロセス（6.2、箇条7、箇条8及び9.1参照）又は他の事業プロセスへの統合及び実施

2）その取組みの有効性の評価（9.1参照）

これらの取組みを計画するとき、組織は、技術上の選択肢、並びに財務上、運用上及び事業上の要求事項を考慮しなければならない。

6.2　品質目標及びそれを達成するための計画策定 6.2.1及び6.2.2 JIS Q 9001:2015要求事項参照。

6.2.2.1　品質目標及びそれを達成するための計画策定―補足

トップマネジメントは、関連する機能、プロセス及び階層において、品質コンプ

ライアンスを満たす品質目標を定め、確立し及び維持することを確実にしなければならない。

6.3　変更の計画

JIS Q 9001:2015 要求事項参照。

7　支援

7.1　資源

7.1.1　一般

JIS Q 9001:2015 要求事項参照。

7.1.2　人々

JIS Q 9001:2015 要求事項参照。

7.1.3　インフラストラクチャ

JIS Q 9001:2015 要求事項参照。

7.1.3.1　工場、施設及び設備の計画

組織は、新製品及び新運用に対する製造実現性の評価をするために、生産能力について考慮し、評価しなければならない。

組織は、製造実現性の評価及び生産能力評価をマネジメントレビューのインプットとしなければならない。

7.1.4　プロセスの運用に関する環境

JIS Q 9001:2015 要求事項参照。

7.1.4.1　プロセスの運用に関する環境―補足

組織は、品質コンプライアンス遵守を履行するための心理的、物理的側面を含めたプロセスの運用に関する環境を維持しなければならない。

7.1.5　監視及び測定のための資源

7.1.5.1　一般

7.1.5.2　測定のトレーサビリティ

JIS Q 9001:2015 要求事項参照。

7.1.6　組織の知識

JIS Q 9001:2015 要求事項参照。

7.2　力量

JIS Q 9001:2015 要求事項参照。

7.2.1　品質コンプライアンスマネジメントシステム内部監査員の力量

組織は、品質コンプライアンスマネジメントシステム内部監査員に対して、力量を備えていることを確実にするために、次の力量を実証できなければならない。

a）品質マネジメントシステムの基本的な考え方
b）プロセスアプローチに関する知識
c）品質マネジメントシステムに寄せられている様々なニーズ及び期待
d）4オーバー・3バッド
e）基本的な監査手法（質問、観察、レビュー）
f）監査技術（監査証拠の特定、監査所見、監査結論など）
g）トレース監査
h）プロセスアプローチ監査

7.2.2　製品監査員の力量

組織は、製品監査員に対して次の力量を実証できなければならない。

a）製品の知識
b）製造工程の知識
c）該当する検査の知識及び技能

注記：製品監査員についても品質コンプライアンスマネジメントシステム監査員の力量を保有していることが望ましい。

7.3　認識 JIS Q 9001:2015要求事項参照。

7.3.1　認識―補足

組織は、組織の管理下で働く人々が、次の事項に関して認識をもつことを確実にしなければならない。

a）品質コンプライアンス方針
b）関連する品質目標
c）品質コンプライアンス遵守の重要性
d）品質コンプライアンスマネジメントシステムの有効性に対する自らの貢献
e）品質コンプライアンスマネジメントシステム要求事項に適合しないことの意味

7.4　コミュニケーション JIS Q 9001:2015要求事項参照。

7.4.1　コミュニケーション—補足

品質コンプライアンス及び品質コンプライアンスマネジメントシステムに関連するコミュニケーションを含む。

注記：品質コンプライアンスに関連するコミュニケーションとして、品質コンプライアンス委員会を組織化することが望ましい。

7.4.2　品質コンプライアンスに関連する情報伝達

組織は、品質コンプライアンスに関わる不正などの情報がトップマネジメント及び品質コンプライアンス管理責任者に伝達されることを確実しなければならない。

7.5　文書化した情報 **7.5.1　一般** JIS Q 9001:2015要求事項参照。

7.5.1.1　品質コンプライアンスマネジメントシステムの文書化した情報

組織の品質コンプライアンスマネジメントシステムは、次の事項を含まなければならない。

a）このQMS規格が要求する文書化した情報

b）品質コンプライアンスマネジメントシステムの有効性のために必要であると組織が決定した、文書化した情報

7.5.2　作成及び更新 JIS Q 9001:2015要求事項参照。 **7.5.3　文書化した情報の管理** **7.5.3.1及び7.5.3.2** JIS Q 9001:2015要求事項参照。

7.5.3.2.1　記録の管理

記録の管理は、法令、規制、組織及び顧客要求事項を満たさなければならない。品質コンプライアンスリスクアセスメント結果に基づき、必要な場合、改ざん防止などの処置を講じなければならない。

8　運用 **8.1　運用の計画及び管理** JIS Q 9001:2015要求事項参照。

8.1.1　運用の計画及び管理—補足

製品実現の計画をする際は、次の事項を含めなければならない。

a）顧客の製品要求事項
b）顧客の管理上の要求事項
c）製品に関連する法令・規制要求事項
d）製造実現性評価
e）品質コンプライアンスリスクアセスメント結果

8.2　製品及びサービスに関する要求事項

8.2.1　顧客とのコミュニケーション

JIS Q 9001:2015 要求事項参照。

8.2.2　製品及びサービスに関する要求事項の明確化

JIS Q 9001:2015 要求事項参照。

8.2.3　製品及びサービスに関する要求事項のレビュー

8.2.3.1

JIS Q 9001:2015 要求事項参照。

8.2.3.1.1　製造実現性評価

組織は、顧客の要求事項及び関連する全ての法令・規制要求事項を満たす製品を生産できることが実現可能か否かを組織横断的アプローチによって評価しなければならない。製造実現性評価には、トップマネジメント又は経営層が参加しなければならない。

組織は、供給者にも製造実現性評価を要求しなければならない。

8.2.3.1.2　設計・開発目標

組織は、製品に関連する設計・開発目標を達成可能な範囲で設定しなければならない。トップマネジメント又は経営層は、目標未達の場合には、経営資源の投入を検討しなければならない。

8.2.3.2

JIS Q 9001:2015要求事項参照。

8.2.4　製品及びサービスに関する要求事項の変更

JIS Q 9001:2015要求事項参照。

8.3　製品及びサービスの設計・開発

8.3.1　一般

JIS Q 9001:2015要求事項参照。

8.3.2　設計・開発の計画

JIS Q 9001:2015要求事項参照。

8.3.2.1　製造及び組立設計

組織は、製造しやすくかつ組立しやすい設計をしなければならず、製造及び組立設計のレビューを組織横断的アプローチで実施しなければならない。

8.3.2.2　製品設計要員の認識

組織は、製品設計要員に対して、工学倫理について教育・訓練しなければならない。また、その認識が維持されていることを確実にしなければならない。教育・訓練について文書化した情報を保持しなければならない。

8.3.3　設計・開発へのインプット

JIS Q 9001:2015要求事項参照。

8.3.3.1　設計・開発へのインプット―補足

組織は、設計・開発へのインプットに次の事項をふくめること。

a）製品の仕向国の該当する法令・規制要求事項

b）製品の仕向国の該当する法令・規制要求事項の変更

8.3.4　設計・開発の管理

JIS Q 9001:2015要求事項参照。

8.3.5　設計・開発からのアウトプット

JIS Q 9001:2015要求事項参照。

8.3.6　設計・開発の変更

JIS Q 9001:2015要求事項参照。

8.4　外部から提供されるプロセス、製品及びサービスの管理
8.4.1　一般
　JIS Q 9001:2015 要求事項参照。
8.4.2　管理の方式及び程度
　JIS Q 9001:2015 要求事項参照。

8.4.2.1　法令・規制要求事項の参照

組織は、購入した製品、プロセス及びサービスが、製造された国及び仕向国の現在該当する法令・規制要求事項に適合することを確実にしなければならない。

8.4.2.2　供給者の品質コンプライアンスマネジメントシステム開発

組織は、供給者に品質コンプライアンスマネジメントシステムの開発、実施及び改善を要求しなければならない。

8.4.3　外部提供者に対する情報
　JIS Q 9001:2015 要求事項参照。

8.4.3.1　外部提供者に対する情報―補足

組織は、全ての該当する法令・規制要求事項及び品質コンプライアンス遵守の重要性を供給者に伝達することを確実にしなければならない。サプライチェーンをたどって、製造現場にまで、全ての該当する法令・規制要求事項及び品質コンプライアンス遵守の重要性を展開するよう、供給者に要求しなければならない。

8.4.3.2　供給者への要求事項の妥当性確認

組織は、供給者への要求事項に無理がないか、その妥当性を評価しなければならない。妥当性確認の結果は文書化した情報として保持しなければならない。

8.5　製造及びサービス提供
8.5.1　製造及びサービス提供の管理
　JIS Q 9001:2015 要求事項参照。

8.5.1.1　製造現場の監視

組織は、品質コンプライアンスマネジメントシステムが遵守されているか、あらかじめ定められた間隔で製造現場を監視しなければならない。

注記：監視には、現場パトロール、日常点検などがあり得る。

8.5.1.2　製造現場からの情報収集

組織は、製造現場における要員とのコミュニケーションを実施し、製造現場の声を聞くプロセスをもたなければならない。

8.5.2　識別及びトレーサビリティ
JIS Q 9001:2015要求事項参照。
8.5.3　顧客又は外部提供者の所有物
JIS Q 9001:2015要求事項参照。
8.5.4　保存
JIS Q 9001:2015要求事項参照。
8.5.5　引渡し後の活動
JIS Q 9001:2015要求事項参照。
8.5.6　変更の管理
JIS Q 9001:2015要求事項参照。

8.6　製品及びサービスのリリース
JIS Q 9001:2015要求事項参照。

8.6.1　製品検査員の資格認定

組織は、製品検査員の資格認定を実施し、有資格者が検査を実施することを確実にしなければならない。組織は、製品検査員の有資格者のリストを維持しなければならない。

8.6.2　検査結果の改ざん防止

組織は、検査結果の改ざん防止を確実にしなければならない。

注記：検査結果の改ざん防止のために適用可能な技術を考慮することが望ましい。

8.6.3　検査員の独立性の確保

組織は、検査員が製造部門、開発部門から独立していることを確実にしなければならない。

8.6.4　法令・規制要求事項への適合

組織は、外部から提供されるプロセス、製品及びサービスが製造された国及び仕向国における最新の法令・規制要求事項及び他の要求事項に適合していることを確認し、その証拠として、文書化した情報を保持しなければならない。

8.7　不適合なアウトプットの管理
8.7.1
JIS Q 9001:2015要求事項参照。

8.7.1.2　顧客による特別採用

組織は、顧客への特別採用申請の必要性が継続的に生じた場合には、製品仕様について、顧客と調整する機会をもたなければならない。

8.7.1.2　供給者からの特別採用

組織は、供給者からの特別採用の申請が継続的にあった場合は、要求仕様の妥当性について供給者と再検討する機会をもたなければならない。

8.7.1.3　不適合製品の廃棄

組織は、手直し又は修理できない不適合製品を廃棄する場合、使用不可の状態にすることを確実にしなければならない。

8.7.2
JIS Q 9001:2015要求事項参照。

8.8　品質コンプライアンスに関連する不正への準備及び対応

組織は、品質コンプライアンスに関連する不正への準備及び対応のために必要なプロセスを確立し、実施し、維持しなければならない。

組織は、次の事項を行わなければならない。

a）品質コンプライアンスに関連する不正に対応するための処置を計画することによって、対応を準備する。
b）品質コンプライアンスに関連する不正に対応する。
c）実行可能な場合には、計画した対応処置を定期的にテストする。
d）品質コンプライアンスに関連する不正の発生後又はテストの後には、プロセス及び計画した対応処置をレビューし、改訂する。

注記：品質コンプライアンスに関連する不正に対応する調査委員会を設置することが望ましい。

9　パフォーマンス評価
9.1　監視、測定、分析及び評価
9.1.1　一般
JIS Q 9001:2015要求事項参照。

9.1.1.1　品質コンプライアンスの監視

組織は、品質コンプライアンスの遵守状況を監視しなければならない。品質コンプライアンスリスクアセスメントの結果を考慮し、監視対象、監視方法を決定しなければならない。

9.1.1.2　品質コンプライアンス遵守評価

組織は、遵守義務を満たしていることを評価するために必要なプロセスを確立し、実施し、維持しなければならない。

組織は、次の事項を行わなければならない。

a）遵守を評価する頻度を決定する。
b）遵守を評価し、必要な場合には、処置をとる。
c）遵守状況に関する知識及び理解を維持する。

組織は、遵守評価の結果の証拠として、文書化した情報を保持しなければならない。

9.1.2　顧客満足
JIS Q 9001:2015要求事項参照。
9.1.3　分析及び評価
JIS Q 9001:2015要求事項参照。

9.1.3.1　分析及び評価—補足

分析結果は、次の事項を評価するために用いなければならない。

a）品質コンプライアンス遵守度
b）品質コンプライアンスマネジメントシステムのパフォーマンス及び有効性
c）品質コンプライアンスマネジメントシステムの改善の必要性

9.2　内部監査
9.2.1及び9.2.2
JIS Q 9001:2015要求事項参照。

9.2.2.1　内部監査プログラム

組織は、内部監査に必要なプロセスを確立し、実施し、維持しなければならない。そのプロセスには、品質コンプライアンスマネジメントシステム監査、製品監査を含む内部監査プログラムの策定及び実施を含めなければならない。

9.2.2.2　品質コンプライアンスマネジメントシステム監査

組織は、プロセスアプローチを使用して、品質コンプライアンスマネジメントシステムの全てのプロセスを監査しなければならない。

9.2.2.3　製品監査

組織は、品質コンプライアンスの遵守を検証するために、生産又は引渡しの適切な段階で、製品を監査しなければならない。

9.3　マネジメントレビュー **9.3.1　一般** **9.3.2　マネジメントレビューへのインプット** JIS Q 9001:2015要求事項参照。

9.3.2.1　マネジメントレビューへのインプット―補足

マネジメントレビューへのインプットには、次の事項を含めなければならない。

a）品質コンプライアンスリスクアセスメント結果
b）品質コンプライアンス遵守評価結果
c）品質コンプライアンスマネジメントシステム監査及び製品監査結果
d）その他、品質コンプライアンスに関連する情報

9.3.3　マネジメントレビューからのアウトプット JIS Q 9001:2015要求事項参照。

10　改善 **10.1　一般** JIS Q 9001:2015要求事項参照。 **10.2　不適合及び是正処置** **10.2.1** JIS Q 9001:2015要求事項参照。

10.2.1.1　不適合及び是正処置―補足

組織は、品質コンプライアンス違反及び品質コンプライアンスマネジメントシステムの未遵守を不適合対象とし、是正処置を実施しなければならない。

10.2.1.2　品質コンプライアンス違反に対する懲戒手続き

組織は、品質コンプライアンス違反を犯した従業員に対して処置を取るため、正式かつ周知された懲戒手続きを備えておかなければならない。

10.2.2

JIS Q 9001:2015要求事項参照。

10.3　継続的改善

JIS Q 9001:2015要求事項参照。

付録 2

品質コンプライアンス
マネジメントシステム
文書事例集

品質コンプライアンス方針

当社は品質コンプライアンスの遵守を経営戦略上の重要課題と認識し、関連会社を含む全社、全グループで積極的な取り組みを行います。

a）顧客要求事項を確実に受け止め、必ず守ります。実行不可能な約束はしません。
b）製品にかかわる法令・規制要求事項を的確にとらえ、必ず守ります。
c）顧客要求事項、法令・規制要求事項、社内で取り決めた事項など、品質コンプライアンス遵守を徹底し、不正のない組織運営を実施します。
d）品質コンプライアンス対応の仕組みである品質コンプライアンスマネジメントシステムを確立、維持し、継続的に改善します。
e）当社で働くすべての従業員が品質コンプライアンス遵守を宣言し、全社で取り組むことを誓います。
f）品質コンプライアンス遵守について、協力会社に対しても全力で応援し、協力体制を推進します。

品質コンプライアンス規定

1. 目的

本規定は、事業活動を行う上で当社及び供給者を含む関係会社の品質コンプライアンスに関連する基本事項を定め、品質コンプライアンス方針の下に公正かつ透明な組織運営を実施し、社会に貢献することを目的とする。

2. 適用範囲

本規定は、当社の品質コンプライアンスについての基本方針及び推進体制について定めるものであり、役員、従業員は、本規定を遵守するとともに、別に定める個別の規定（品質コンプライアンスマネジメントシステム文書）等の定めにしたがって対応する。

3. 関連文書

a）品質マニュアル
b）品質コンプライアンスリスクアセスメント規定
c）品質コンプライアンス遵守評価規定
d）品質コンプライアンス不正準備対応計画
e）各部門、プロセスにおける「品質コンプライアンスマネジメントシステム文書」

4. 用語の定義

品質コンプライアンスに関連する用語を以下に定める。

a）**品質コンプライアンス：**
製品及びサービスに関して、顧客要求事項及び法令・規制要求事項を確実に満たすこと。

b）**品質コンプライアンスマネジメントシステム：**
品質コンプライアンスに対応した品質マネジメントシステム。

c）**品質コンプライアンス管理責任者：**
社長が任命する品質コンプライアンス対応の執行責任者。

5. 品質コンプライアンス体制

品質コンプライアンス体制について以下に定める。

a）品質コンプライアンス対応の最高責任者は、社長とする。
b）社長は、品質コンプライアンス対応の執行責任者である品質コンプライアンス管理責任者に品質保証本部長を任命する。
c）品質コンプライアンス対応を確実に行うために、最高責任者である社長の下に品質コンプライアンス管理責任者を委員長とした品質コンプライアンス委員会を設置する。品質コンプライアンス委員会は、本社、各部門及び関連会社の品質コンプライアンスについて統括する。

d）品質コンプライアンス委員会に特定の品質コンプライアンス事項への対応を目的とする部会を置くことができる。

e）品質保証部に、品質コンプライアンス対応における各種活動の調整窓口として、品質コンプライアンス委員会事務局を置く。

f）各部門では、品質コンプライアンス委員会の方針を受けて品質コンプライアンスに関連する活動を実施する。

g）社長は、品質コンプライアンス違反による不正が発生した場合、品質コンプライアンス不正調査委員長に対し、調査を命ずることができる。

h）社長は、品質コンプライアンス不正調査委員長に法務担当役員を任命する。

i）品質コンプライアンス不正調査委員長は、社長の指示に従い、品質コンプライアンス違反による不正について、委員会を組織し、調査を行い、調査結果を社長に報告する。

6. 品質コンプライアンス委員会の構成

品質コンプライアンス委員会の構成は、以下のとおりとする。

委員長　：品質保証本部長
委員　　：各部門から選抜された担当役員を含むメンバー
事務局　：品質保証部品質統括課

7. 品質コンプライアンス委員会の役割

品質コンプライアンス委員会は、以下の役割、責任及び権限を有する。

a）品質コンプライアンスに関連する対応策の検討・策定
b）品質コンプライアンスに関連する情報収集
c）品質コンプライアンスに関連する対応策の実施及び定期的な見直し
d）品質コンプライアンスマネジメントシステム改善への助言
e）その他品質コンプライアンスに関連する指導、助言
f）品質コンプライアンス関連する不正への準備及び対応
g）品質コンプライアンス不正調査委員会への協力

8. 品質コンプライアンス委員会の開催

品質コンプライアンス委員会は、原則として年2回以上開催する。但し、品質コンプライアンス不正発生時等、品質コンプライアンス管理責任者が必要と判断した場合は随時開催する。

9. 品質コンプライアンス委員会事務局の業務

品質コンプライアンス委員会事務局は、以下の業務を実施する。

a）品質コンプライアンス対応に関する総合調整
b）品質コンプライアンス委員会の運営事務
c）品質コンプライアンスに関連する情報収集及び分析並びに委員長への報告

10. 各部門における品質コンプライアンス活動

品質コンプライアンス対応における各部門（プロセス）の役割を以下に定める。

a）品質コンプライアンス方針の展開
b）品質コンプライアンスリスクアセスメント
c）品質コンプライアンスリスクアセスメントに基づいた管理方法の決定と実施
d）品質コンプライアンスマネジメントシステムの実施、維持及び継続的改善

11. 供給者を含む関係会社とコンプライアンス対策

各部門（プロセス）は、供給者を含む関係会社などに対し、品質コンプライアンスに関連する体制整備の推進について協力を求めるとともに、当社の品質コンプライアンス活動と連携が図られるように調整する。

12. 教育訓練

品質コンプライアンス管理責任者は、役員、従業員の品質コンプライアンス意識の向上を図るため、教育訓練等を継続的に実施する。

13. 品質コンプライアンス監査

品質コンプライアンスマネジメントシステムに基づき内部監査を実施する。

14. 品質コンプライアンス不正発生時の対応

a）品質コンプライアンスの不正が発生した場合、品質コンプライアンスマネジメントシステムに基づき品質コンプライアンスに関連する不正への対応を行う。
b）社長は、不正に対して調査が必要と判断した場合は、品質コンプライアンス不正調査委員長に対し、調査を指示する。
c）品質コンプライアンス不正調査委員長は、品質コンプライアンス不正調査委員会を組織し、調査を実施する。

d）品質コンプライアンス不正調査委員会における審議事項は不正調査の実施計画、調査の進捗管理、調査結果の分析、調査結果の結論とする。
e）品質コンプライアンス不正調査委員長は、調査結果を社長に報告する。
f）社長は、調査結果に基づき、その後の対応について品質コンプライアンス管理責任者に指示する。

15. 品質コンプライアンス不正に関する懲罰

品質コンプライアンス不正に関する懲罰については、「コンプライアンス懲罰規定」に基づき実施する。

以上

品質コンプライアンスリスクアセスメント規定

1. 目的

本規定は、品質コンプライアンスに関するリスクアセスメント手順を明確し、適切なアセスメントを実施することにより、有効な品質コンプライアンスの実現に資することを目的とする。

2. 適用範囲

品質コンプライアンスに関するリスクについて適用する。環境マネジメント、労働安全衛生マネジメント、情報セキュリティマネジメントに関連れするリスクについては、別途定める規定により適用する。

3. 関連文書

a）品質マニュアル
b）品質コンプライアンス遵守評価規定
c）品質コンプライアンス不正準備対応計画
d）各部門、プロセスにおける「品質コンプライアンスマネジメントシステム文書」
e）品質コンプライアンスリスクアセスメントシート
f）品質コンプライアンス評価基準

4. 用語の定義

品質コンプライアンスに関連する用語を以下に定める。

a）**品質コンプライアンス：**
　製品及びサービスに関して、顧客要求事項及び法令・規制要求事項を確実に満たすこと。
b）**品質コンプライアンスマネジメントシステム：**
　品質コンプライアンスに対応した品質マネジメントシステム。
c）**品質コンプライアンスリスク：**
　品質コンプライアンスに関連するリスク
d）**品質コンプライアンスリスクアセスメント：**
　品質コンプライアンスリスクを特定、分析及び評価し、管理すべきリスク源を特定すること。
e）**リスク：**
　不確かさの影響のことで内部への影響、外部への影響がある。
f）**リスク源：**
　リスクの要因。
g）**リスクの目分析：**
　管理すべきリスク源について、プロセスにおける運用方法を見極める手法。

5. 品質コンプライアンスリスクアセスメント方法

品質コンプライアンスリスクアセスメント方法を以下に定める。
a）品質コンプライアンス管理責任者は、各部門もしくはプロセスの責任者に対し、品質コンプライアンスリスクアセスメントの実施又は見直しを指示する。
b）各責任者は、「品質コンプライアンスリスクアセスメントシート」、「品質コンプライアンス評価基準」に基づき、品質コンプライアンスリスクアセスメントを行う。
c）各責任者は、管理すべき重要なリスク源を決定し、管理方法を定める。
d）各責任者は、決定された管理すべき重要なリスク源及び管理方法について、品質コンプライアンス管理責任者の承認を得る。
e）各責任者は、管理方法のうち目標展開については、目標を設定し、目標達成のための計画を策定する。経営目標展開の様式を使用し、経営目標と同様に、進捗管理を行う。
f）各責任者は、管理方法のうち運用管理については、手順及び手順書作成などの運用方法の策定を指示し、確認する。
g）各責任者は、管理方法のうち監視測定については、監視測定対象及び監視測定方法の決定を指示し、確認する。

6. 品質コンプライアンス不正対応後の見直し

a）品質コンプライアンス管理責任者は、品質コンプライアンス不正の対応が完了した後に、品質コンプライアンスリスクアセスメントの見直しを各責任者に指示する。

b）各責任者は、品質コンプライアンス不正発生状況を考慮して、品質コンプライアンスリスクアセスメントを見直し、必要に応じて改訂する。

c）品質コンプライアンス管理責任者は、品質コンプライアンス委員会にて、見直し内容を検討し、確認する。

以上

品質コンプラアンス遵守評価規定

1. 目的

本規定は、品質コンプライアンス遵守評価の手順を明確にし、品質コンプライアンスの遵守状況を的確かつ迅速に評価することで、有効な品質コンプライアンスの実現に資することを目的とする。

2. 適用範囲

本規定は、当社の品質コンプライアンスの遵守評価について定めるものであり、役員、従業員は、本規定を遵守するとともに、別に定める個別の規定（品質コンプライアンスマネジメントシステム文書）等の定めにしたがって対応する。

3. 関連文書

a）品質マニュアル

b）品質コンプライアンス規定

c）品質コンプライアンスリスクアセスメント規定

d）品質コンプライアンス不正準備対応計画

e）各部門、プロセスにおける「品質コンプライアンスマネジメントシステム文書」

4. 用語の定義

品質コンプライアンスに関連する用語を以下に定める。

a）**品質コンプライアンス：**

製品及びサービスに関して、顧客要求事項及び法令・規制要求事項を確実に満たすこと。

b）**品質コンプライアンス遵守：**
品質コンプライアンスが実現できており、品質コンプライアンス違反がない状態を維持できていること。
c）**品質コンプライアンス遵守評価：**
品質コンプライアンスが遵守できていることを確認すること。

5. 品質コンプライアンス遵守評価方法

品質コンプライアンス遵守評価方法を以下に示す。

a）品質コンプライアンス管理責任者は、遵守評価の頻度を決定する。
b）品質コンプライアンス管理責任者は、遵守評価方法を以下の方法の一つ以上を用いて実施する。具体的な方法については、品質コンプライアンス委員会にて検討する。
1）品質コンプライアンスマネジメントシステム監査
2）製品監査
3）品質コンプライアンス遵守パトロール
4）品質コンプライアンスアンケート
5）品質コンプライアンス聞き取り調査
6）その他の方法
c）品質コンプライアンス管理責任者は、遵守評価結果を品質コンプライアンス委員会で評価し、必要な処置を決定する。処置については、品質コンプライアンス委員会にて進捗管理を行う。
d）品質コンプライアンス管理責任者は、遵守評価結果を社長に報告し、社長は報告内容に基づき必要な処置を関係者に指示する。
e）品質コンプライアンス管理責任者は、遵守評価結果から活用できる教訓について、従業員に知らせることにより品質コンプライアンスに関する知識及び理解を維持する。
f）品質コンプライアンス委員会の議事録を遵守評価結果、処置の記録として保持する。

6. 品質コンプライアンス遵守評価方法の見直し

品質コンプライアンス遵守評価方法の見直しについて以下に示す。

a）品質コンプライアンス管理責任者は、遵守評価後に遵守評価方法について妥当性を評価し、必要と判断した場合は、品質コンプライアンス委員会にて、遵守評価方法の変更を検討する。
b）次回以降、検討された遵守評価方法によって、遵守評価を行う。
c）品質コンプライアンス委員会の議事録を検討内容及び変更内容の記録として保持する。

以上

品質コンプライアンス準備対応計画

品質コンプライアンス違反による不正が発生した場合に備えて、その準備と対応計画について定める。

1. 品質コンプライアンス違反による不正発生時の対応

a）品質コンプライアンス管理責任者は、不正発生状況を把握し、社長に報告する。

b）社長は、報告に基づき品質コンプライアンス不正調査委員会の招集を品質コンプライアンス不正調査委員長に指示し、品質コンプライアンス不正調査委員会により不正調査を実施する。

c）社長は、役員を招集し、不正の公表を検討する。公表が決定された場合、広報部長は、記者クラブ等を通じて情報を提供する。

d）品質コンプライアンス管理責任者は、法令・規制要求事項の違反に関しては、全ての違反について所轄官庁へ届ける。顧客仕様の逸脱に関しては、全ての逸脱について顧客に報告する。

2. 品質コンプライアンス不正調査

a）品質コンプライアンス不正調査委員長は、社長の指示に基づき、品質コンプライアンス不正調査委員会を開催し、不正調査の計画を審議する。登録している外部委員についても開催の連絡をする。

b）品質コンプライアンス不正調査委員会は、審議結果に基づき不正調査を実施する。

c）品質コンプライアンス不正調査委員長は、調査結果を社長に報告する。

3. 調査結果への対応

a）社長は、調査結果に基づき、役員を招集し、追加公表を検討する。

b）品質コンプライアンス管理責任者は、調査結果に基づき品質コンプライアンス委員会により、製品回収、マスメディアでの告知などの応急対策について審議し、社長の承認を得て実施する。

c）品質コンプライアンス管理責任者は、品質コンプライアンス委員会により、再発防止対策を審議し、社長の承認を得て実施する。

d）品質コンプライアンス管理責任者は、応急対策、再発防止対策について、進捗を逐次社長に報告する。

e）社長は、報告内容に基づき、必要な経営資源を投入する。

f）品質コンプライアンス管理責任者は、再発防止対策の効果を確認し、品質コンプライアンスマネジメントシステムを変更する。

g）品質コンプライアンス管理責任者は、品質コンプライアンス準備対応計画を見直す。

4. 不正情報及び調査結果の公表

a）社長は、不正情報及び調査結果の公表を決定する責任を有する。
b）法令・規制要求事項違反及び顧客仕様逸脱については、その事実を知り得た日から、3日以内に所轄官庁又は顧客に報告する。
c）広報部長は、公表が決定された場合、直ちに記者クラブ等に連絡し、情報を提供し、記者会見を行う。

5. 公表の準備

a）広報部長は、不正発生にかかわらず平時より記者会見の準備を計画し、「不正公表マニュアル」を作成・維持する。
b）広報部長は、「不正公表マニュアル」を作成・維持する際には、必ず外部の専門家の意見を取り入れる。
c）広報部長は、「不正公表マニュアル」に基づき、年1回又は社長交代時にリハーサルを行う。
d）広報部長は、リハーサル結果の基づき「不正公表マニュアル」を見直し、改訂する。

以上

索　引

た

な

は

ま

や

ら

【著者プロフィール】
小林久貴（こばやし　ひさたか）
1962年生まれ、1986年名古屋工業大学卒業、メーカー勤務を経て1996年小林経営研究所設立。現在、株式会社小林経営研究所代表取締役、一般社団法人品質マネジメント研修センター代表理事。中小企業診断士、品質マネジメントシステム主任審査員、環境マネジメントシステム主任審査員、米国品質協会認定品質技術者。「より良い仕組みで組織を強く！」をモットーにコンサルティング、研修などを通じて、数多くの強い組織を生み出している。主な活動分野は、品質マネジメントシステム改善の支援、業務改善・現場改善の支援、品質マネジメント研修、品質コンプライアンス対応支援である。
主な著書に「診断事例で学ぶ　経営に役立つQMSのつくり方」、「プロセスアプローチの教本」、「やさしいISO9001品質マネジメントシステム入門」（以上、日本規格協会）ほか多数。

オフィシャルサイト：
https://www.kobayashi-keiei.com（小林経営研究所）
https://www.qmtec.or.jp（品質マネジメント研修センター）

基本がわかる　実践できる
図解　品質コンプライアンスのすべて
ISO9001：2015プロセスアプローチによる不正防止の進め方

2019年９月30日　初版第１刷発行
2024年３月30日　　　第２刷発行

著　者 ── 小林久貴

発行者 ── 張 士洛
発行所 ── 日本能率協会マネジメントセンター
〒103-6009 東京都中央区日本橋2-7-1　東京日本橋タワー
TEL 03(6362)4339（編集）／03(6362)4558（販売）
FAX03(3272)8127（編集・販売）
https://www.jmam.co.jp/

装　　　丁 ── 冨澤 崇（EBranch）
本文ＤＴＰ ── 株式会社森の印刷屋
印　刷　所 ── シナノ書籍印刷株式会社
製　本　所 ── ナショナル製本協同組合

ISBN978-4-8207-2749-1 C3034
落丁・乱丁はおとりかえします。
PRINTED IN JAPAN